경비지도사의 경력 수첩

…

경비지도사의 경력 수첩
20년 차 경비지도사의 실무 이야기가 담긴

초 판 1쇄 2025년 04월 22일

지은이 최문섭
펴낸이 류종렬

펴낸곳 미다스북스
본부장 임종익
편집장 이다경, 김가영
디자인 임인영, 윤가희
책임진행 김요섭, 이예나, 안채원, 김은진, 장민주

등록 2001년 3월 21일 제2001-000040호
주소 서울시 마포구 양화로 133 서교타워 711호
전화 02) 322-7802~3
팩스 02) 6007-1845
블로그 http://blog.naver.com/midasbooks
전자주소 midasbooks@hanmail.net
페이스북 https://www.facebook.com/midasbooks425
인스타그램 https://www.instagram.com/midasbooks

ⓒ 최문섭, 미다스북스 2025, *Printed in Korea.*

ISBN 979-11-7355-197-0 03810

값 19,500원

※ 파본은 본사나 구입하신 서점에서 교환해드립니다.
※ 이 책에 실린 모든 콘텐츠는 미다스북스가 저작권자와의 계약에 따라 발행한 것이므로 인용하시거나 참고하실 경우 반드시 본사의 허락을 받으셔야 합니다.

미다스북스는 다음세대에게 필요한 지혜와 교양을 생각합니다.

20년 차 경비지도사의 실무 이야기가 담긴

경비지도사의 경력 수첩

최문섭 지음

미다스북스

intro

 시설경비업에서 경비지도사로 일하면서 겪은 일을 바탕으로 글을 썼습니다. 읽기만 하던 독자였던 저는 오십이란 나이를 의식하면서 쓰기에 관심을 가졌고, 글을 쓰다 보니 경비지도사 직업 에세이가 한 권도 없다는 사실을 알았습니다. 인터넷 서점의 검색창에 경비지도사를 입력했더니 수백 개의 검색 결과가 나왔습니다. 모두 수험서와 문제집이었습니다.

 내가 쓴 글을 모아서 책으로 내면 국내 최초의 경비지도사 직업 에세이가 되겠구나, 자격증 시험용 책이 아닌 실무 경험으로 엮은 경비지도사 실용서의 저자가 될 수 있겠다 싶었습니다. 날마다 조금씩 글을 쓸 수 있었던 이유입니다.

 이 책은 경비지도사에 대한 모든 것을 알려주는 책이 아니라 현직 경비지도사의 톡톡톡(Talk Talk Talk)입니다. 하루의 경험을 일기로 쓰듯이 20년간 일한 경험을 한 권의 책에 담았습니다. 1년 반 동안 썼던 100장의 원고를 주제별로 나눴습니다. 주제별 키워드는 업무, 시장, 영업, 장소, 법률, 사람, 노트입니다.

1장 〈업무〉는 경비지도사의 일입니다. 경비원을 배치하고 관리하는 일이 무엇인지 알 수 있도록 본사와 현장에서 벌어지는 일을 엮었습니다.

2장 〈시장〉은 경비지도사의 일터를 말합니다. 경비지도사는 시설경비업의 필수 선임자격이지만 시설경비업자들은 다른 사업도 함께합니다. 소속회사의 사업 분야에 따라서 경비지도사가 하는 일은 조금씩 다릅니다.

3장 〈영업〉은 어느 회사에서나 뜨거운 이슈가 되는 영업을 경비지도사의 관점에서 다뤘습니다. 영업의 본질과 방법은 간단합니다. 소정의 영업 목표를 달성했던 저의 경험을 공유했습니다.

4장 〈장소〉는 시설경비업의 시설을 뜻합니다. 호텔, 공장, 병원, 창고, 백화점, 오피스 등 용도에 따른 건축물의 특징을 이야기합니다.

5장 〈법률〉은 실무에서 다루는 법률상식입니다. 자격증 공부용 법률 지식이 아닌 업무에 필요한 법과 제도를 다뤘습니다.

6장 〈사람〉 용역은 깡패가 아니라 서비스입니다. 서비스와 용역은 다른 느낌이지만 같은 말입니다. 경비지도사는 서비스업 종사자입니다. 서비스를 제공하는 사람과의 관계가 업무의 밑바탕입니다.

7장 〈노트〉는 일터에서 스쳐 갔던 장면들을 떠올리며 끄적거린 글입니다. 시설경비업을 비롯한 아웃소싱 현장관리는 하나의 직무 분야로 자리를 잡았습니다. 그 현장의 모습을 담았습니다.

막연했던 저의 기획은 미다스북스를 거치면서 윤곽이 잡히고 뚜렷해졌습니다. 미다스북스의 디렉팅 덕분에 저의 첫 책이 세상에 나왔습니다. 2007년 12월에 경비지도사 합격자 발표를 확인한 저는 가벼운 마음으로 연말 모임에 나갔고 거기서 아내를 처음 만났습니다. 경비지도사는 저에게 일과 사랑을 가져다준 고마운 자격증입니다.

9회 경비지도사
최문섭

intro   4

1장 <업무>
경비지도사는 어떤 일을 하나요?

경비지도사가 수행하는 직무의 모든 것	15
업무 효율을 올리는 효과적인 부가서비스	18
아웃소싱 현장, 여름철 현장관리	20
스스로 찾는 인생의 목적지	22
하나의 채널로 관리하는 현장	25
경력과 능력이 같은 말이라고요?	27
열심히 일하는 모습을 보여주려면	29
피스메이커(Peacemaker) 경비지도사	32
간접세도 내고 직접세는 정산하는 성실한 납세자	35
실업급여를 받게 해준다고요?	37
영업만큼 중요한 기성금 청구	39
사건, 사고의 이면을 살펴라	42
인사하고 보고만 잘해도 직장생활은 OK	44
키워드로 세상을 읽는 비즈니스	46
기본기부터 배우는 공문서 작성	48

2장 <시장>
경비지도사의 일터가 궁금해요

당신은 어떤 타입인가요?	53
매출에 따라 이직하는 직원들	55
시설경비업은 FM(?)의 일부	58
아웃소싱 직종, 어떤 동사의 멸종	61
용역쟁이 노총각의 고민	63
아웃소싱 보험과 삼성파워	65
경비지도사와 아웃소싱 경력자의 이직	68
자산 운용사 > 부동산 자산관리 > 시설관리	70
업계의 양대 세력	73
외부에서 영입한 임원	75
아웃소싱 업계의 큰 손, KT	77
넥타이 맨 신사의 3개월짜리 근로계약서	80
아웃소싱 업계의 BIG 3	83
회사마다 다른 조직문화 살펴보기	85
일단 쓰고 보는 내 주머니의 남의 돈	88
비즈니스 환경, 위기와 기회	90
임시공휴일 풍경	92

3장 <영업>
경비지도사가 영업을 한다고요?

다이렉트 마케팅?	97
영업을 위한 사업 확장	100
나라장터 전자입찰에 필요한 신인도 점수	102
시설용역 입찰 대행 서비스	105
영업 전략의 기초	107
상대의 마음을 얻는 영업 기술	110
정성을 다해서 방법을 찾아주는 영업	112
사업담당자가 직접 하는 제안 발표	115
현장설명회는 필수 옵션	118
대표와 직원의 롤(Role) 플레이	120

4장 <장소>
경비지도사가 머무는 장소는 어디인가요?

유통업과 판매시설의 지각변동	125
제발 분양 취소해주세요	127
물류센터 전성시대	129
특급호텔은 대형숙박시설	131
제조업과 공장 and 생산도급	134
아파트형 공장에서 지식산업센터로	136
아웃소싱 천국과 비정규직의 온상	139
생숙인지 도생인지	142
스마트 도시관제센터	145
대기업 사옥의 기사 대기실	148
과적이 불가능한 레미콘 트럭	150
호텔이 객실 수라면 병원은 병상 수	152

5장 <법률>
경비지도사라면 이것은 반드시 지키세요

최저임금을 바라보는 사회적 시선	157
인건비 인상이 반가운 키오스크와 무인점포	160
최저임금 인상이 불러온 초단기 알바	163
1주 15시간의 의미	165
근로기준법 제63조의 3호	168
해마다 1월이 되면	171
산재신청은 자유, 판단은 공단이 한다	174
하느님이 만든 법이 있다면	177
입법 취지와 법률 해석	180
사업의 주체가 다른 파견과 도급	183
대기업에서 일하는 사무직 파견사원	186
경비지도사는 인스펙터	188
동네북 신세를 면하기 어려운	190

6장 <사람>
경비지도사는 늘 사람들과 함께해요

중장년 재취업의 대명사	195
시니어 전성시대의 일자리 사업	197
회삿돈으로 사람의 마음을 얻는 법	200
서비스 현장에서 경위서 쓰기	202
사람을 대하는 방식, 상호 간의 예의	205
서비스업의 핵심은 적재적소 인재채용	207
고객사 담당자를 유형별로 정리한다면	210
3가지 타입의 현장직원	212
서비스업의 핵심 키워드는 채용과 모집	214
네? 유능한 경비반장이 그만둔다고요?	217
안심할 수 없는 경비원 관리	220
52년생 경비원 채용	223
미운 정 고운 정 함께한 관리소장	225
산출내역서에 없는 광고 선전비	228
인력 수급이 어려울 때 필요한 노력 실적	231
여러 가지 자극에 견디는 단단한 내면	233

7장 <노트>
경비지도사를 스쳐 간 생각들을 모았어요

용역은 깡패가 아닌 서비스	237
혼자서 먹고 싶은 떡고물	240
며칠간 지켜보다가 만드는 명함	243
왕년에 잘 나가던 경비원	246
박 과장처럼 외근을 다니다가는	248
역량 있는 관리자로 거듭나는 기회	251
법카로 우산을 샀습니다	254
지갑에서 카드를 꺼낼 때는	257
회사의 대표이사가 오너가 아니라면	260
대표이사의 눈도장	262
당당하고 자신 있게	264
고장 난 부품은 교체하면 그만입니다	266
즉시 주어지는 보상이 있다면	268

outro   271

<업무>

경비지도사는 어떤 일을 하나요?

"경비지도사는 고객과 현장을 연결하는 소통 채널,
소식을 전하고 사건을 중재합니다."

경비지도사가 수행하는
직무의 모든 것

경비지도사가 시설경비업체에서 하는 업무를 정리했습니다. 업무의 성격과 난이도에 따라 그림과 같이 구분했습니다.

아웃소싱 본사의 업무

업무 레벨	영업	관리	기타
상	영업관련 담당자 미팅, 사업성 검토 제안서 작성 및 프레젠테이션, Q&A 준비 영업기획, 사업계획, 수주목표, SWOT분석 RFP 및 직무분석, 직종 및 근무형태별 견적서 작성	인사노무 및 사건사고 민원처리, 중재(산재, 갈등) 현장소장 및 직원관리 업무지시 및 확인, 의사소통 고객사 책임자, 담당자 관계관리, 유대강화, 업무처리 법인 용역 계약 업무(전자계약, 문서계약) KPI 및 SLA 관리	시장조사, 업체동향, 보고서 작성 산업재해, 안전보건, 근로감독 관련 대관업무 최저임금, 급여, 불법파견, 노사문제 등의 ISSUE 검토
중	나라장터 입찰(공고수집 및 검토, 입찰신청 및 등록, 사정율 분석, 실적관리, 입찰가 산출, 입찰서 제출, 결과검토 등)	도급비/파견비 청구, 근태관리, 급여작업 사업소 일용직/아르바이트 비용관리	신규 허가, 인증, 면허 관련사항 검토 경비업, 파견업 관련 관할관청 대관업무

중	발주처별 적격심사기준 검토, 입찰건별 공동도급 추진(공동도급사 모집, 약정서 작성 등)	교육(안전, 성희롱, CS, OJT) 실시, 현황, 집계, 보고 근로계약 및 입사서류 준비, 작성 (ON, OFF LINE) 사업소별 경비, 비용, 지출관리	직접생산증명서(경비, 청소) 관리
하	일반기업체 인사담당자 회사소개서/DM 발송 입찰(영업)관련 준비서류 확인 및 작성 영업정보 수집(타사 채용 공고, 타사 정보 등) 건축물대장발급, 기업신용평가등급 확인 등	현장직원, 파견직원 채용, 일반사무처리 법인회원 아이디 관리(잡코리아, 워크넷, 사람인, 노동포털, 알바몬 등) 입퇴사, 인사서류 관리	건강검진 안내, 연말정산 안내 각종 증명서(소득관련, 재직증명, 경력증명) 업무 오프라인 문서관리: 생산된 문서의 분류, 보관 등 온라인 문서관리: 모두싸인 파일 다운로드, 부서별 폴더 저장

회사의 업무는 반복되는 일상 업무와 수시로 생기는 이슈로 나뉩니다.

1) 일상 업무: 기성 청구 및 인건비 지급처럼 주기적으로 반복되는 필수 업무입니다. 청구 및 급여는 매달 하는 일이며 건강검진과 연말정산은 연 1회입니다. 명절 선물은 연 2회, 피복 지급 및 직원 회식은 현장마다 다릅니다. 용역 기간에 따라 재계약 업무도 반복됩니다. 매년 여름이면 최저 시급이 결정되고 이듬해 1월부터 인상된 금액이 적용됩니다. 법정 교육 및 직무 교육을 하고 자료를 보관합니다. 경비업 지도점검과 근로자 파견사업보고는 연 2회입니다.

2) 수시 업무: 일상 업무가 아닌 사건, 사고와 같은 이슈입니다. 산업재해, 직원 간의 다툼, 직원의 횡령이나 절도 등의 사건, 화재나 천재지변, 현장직원 무단퇴사, 신규수주 목적의 제안서나 견적서를 작성하는 일도 포함됩니다. 회사의 사업 면허에 따라 직무도 달라집니다. 근로자 파견 허가가 없으면 파견근로자관리도 없습니다. 발주처나 관할관청에서 주최하는 행사에도 참가합니다. 24년 5월 23일에 있었던 광명시 취업박람회에는 40개의 업체가 참가했으며 그중 6개는 아웃소싱 업체였습니다.

용역의 계약 기간 때문에 회사의 매출은 수시로 변동하며 그에 따라 직원이 이직하기도 합니다. 직원을 뽑을 때는 해당 포지션의 JD(Job Description, 직무내용 설명서)를 공개하고 충분히 설명해서 어렵게 구한 직원이 조기에 퇴사하지 않도록 해야 합니다.

업무 효율을 올리는
효과적인 부가서비스

저는 20년간 여러 회사의 조직문화를 조금씩 경험했습니다. 경비, 청소, 시설관리, 파견업 등의 분야는 비슷하지만 주요 거래처와 관리방식, 직종별 비중은 회사마다 다릅니다. 외근을 적극 권장하는 회사도 있고, 특별한 일이 아니면 회사에서 사무를 보라는 사장도 많습니다. 직원들이 직접 사무실을 청소하는 곳도 있고, 미화원을 고용해서 관리하는 회사도 많습니다. 업무용 이메일은 개인 계정보다 회사 계정을 사용해야 정보를 관리하고 보안을 유지하기 편합니다. 명함에 표시하는 회사 이메일은 대외적으로도 그럴듯하게 보입니다. 제가 근무했던 회사에서는 하이웍스 프로그램을 주로 사용했습니다.

온라인 기반의 서비스가 보편화되어 전자서명을 이용하는 회사가 늘었습니다. 저는 이직한 회사가 전자서명을 이용하지 않는 것을 보고 '모두싸인(Modusign)'을 추천했습니다. 근로계약서를 비롯한 문서의 출력, 보관, 정리에 유용한 모두싸인을 도입하고 나서 모두 만족했습니다.

모두싸인은 카카오톡과 이메일을 이용한 전자서명 서비스로 근로계약서, 동의서, 사직서 등의 모든 서류를 PDF로 업로드해서 비대면으로 서명합니다. 근로계약서는 원칙적으로 입사와 동시에 작성해야 하지만 말처럼 쉽지 않습니다. 도급계약을 기반으로 계약직을 관리하는 아웃소싱 업체는 수많은 근로계약서, 계약만료통보서, 사직서 등을 작성하고 보관합니다. 담당자가 근로계약서 2부를 출력해서 현장을 방문해도 둘이서 마주 앉아 서류를 작성한 공간이 마땅치 않습니다. 근로계약서를 교부할 때는 보관용 서류봉투도 전달해야 합니다. 카톡으로 전자서명을 하면 근로자 보관용 서류는 휴대폰에 자동으로 저장 됩니다. 회사는 PC의 지정된 폴더에 보관합니다. 카톡이 없으면 이메일로 서명할 수 있고, 필요에 따라 직원을 대면해서 종이 문서로 작성해도 됩니다.

인사관리에서 근로계약서와 사직서는 꼭 필요하지만 즉시 작성하지 못할 때가 많습니다. 이럴 때 모두싸인이 효과적입니다. 인쇄비, 보관비, 출장비, 관리비 등의 모든 항목이 절감되는 서비스입니다. 사용 빈도에 따른 다양한 상품이 있으니 회사의 사정을 고려하여 선택하면 됩니다.

아웃소싱 현장,
여름철 현장관리

산업안전보건법 제5조 사업주의 의무

"근로자의 신체적 피로와 정신적 스트레스 등을 줄일 수 있는 쾌적한 작업환경의 조성 및 근로조건 개선"

사업주는 근로조건 개선을 포함한 산재 예방 활동을 해야 합니다. 혹서기, 혹한기, 장마철 등의 계절에 따라 사고 예방 활동도 달라집니다. 크고 작은 사고가 생겼을 때 사업주가 사고의 예방을 위해 실시한 교육 및 안전조치가 없거나 미흡했다면 책임을 면하기 어렵습니다. 폭염에 시달리는 대표적인 장소가 건설 현장입니다. 외부에 노출된 공사장은 무더위를 피하기 어렵습니다. 건설 현장에도 청소원과 경비원의 손길은 필수입니다. 휴게실에서 쉴 때는 에어컨, 선풍기가 있지만 현장에서 일할 때는 무더위에 노출되므로 각별히 주의해야 합니다. 근로자의 작업환경을 감안한 적절한 휴게시간과 안전조치가 필요합니다.

최근에 방문했던 건설현장의 컨테이너 경비실에는 '여름철 더위 예방

키트'가 있었습니다. 제품 단가는 약 3만 원이고 포카리스웨트(분말), 쿨타올, 물티슈, 응급 아이스팩, 부채, 식염 포도당, 쿨패치로 구성되었습니다. 간편 키트 하나만 준비해 두어도 산업재해 예방 조치로 인정받습니다. 산업안전보건법 제42조는 유해위험방지계획서의 작성 및 제출에 관한 내용입니다. 폭염으로 인한 위험 예방 활동에 포함해도 됩니다. 작업자들은 점심시간이 끝나면 모두 모여서 안전관리 구호를 외치고 체조를 합니다. 함께하는 안전관리 활동으로 오전, 오후 하루에 두 번 실시합니다. 중대 재해 처벌법 등으로 강력해진 산업안전보건법 덕분에 변화된 건설현장의 풍경입니다.

시내 번화가에 있는 특급 호텔의 이면은 주차장에서 드러납니다. 호텔의 주차장에서 단정한 유니폼을 입고 차량을 안내하는 직원들은 최저임금 용역직입니다. 여름이면 온열 질환에 노출되기 쉬운 직종입니다. 여름에 고생하는 주차 직원한테는 아이스팩을 이용한 냉각 조끼가 제격입니다. 아이스팩을 쉴 새 없이 얼리기 위해 관리실의 냉동고가 부족할 지경입니다.

수시로 전해지는 사고 소식에 불안한 마음이 드는 건 어쩔 수 없습니다. 1:29:300은 하인리히의 법칙입니다. 1건의 대형사고는 어느 날 갑자기 터지지 않습니다. 300건의 가벼운 사고와 29건의 중형 사고가 반복되면서 결국 큰 사고로 이어집니다. 경미한 사고를 사소한 일로 넘기는 안전불감증이 대형 사고를 유발합니다. 여름철 현장관리는 더욱 각별한 주의가 필요합니다.

스스로 찾는
인생의 목적지

경비지도사를 비롯한 아웃소싱 관리직에 운전은 필수입니다. 때로는 대중교통을 이용하지만, 하루에 2~3곳의 현장을 관리하려면 차량을 이용하는 게 유리합니다. 운전할 때는 내비게이션이 알려주는 경로를 참고하되, 지도를 찾아보는 습관을 가져야 합니다. 스스로 방향감각을 가지고 지형지물을 이용해서 길을 찾기 위해서입니다.

저는 회사에서 외근 다닐 때 개인 차량을 이용합니다. 구형 모델이라서 내장형 내비게이션으로 처음 가는 곳을 찾기는 어렵습니다. 낯선 곳에 갈 때는 휴대폰 내비게이션으로 목적지를 찾고 몇 번 방문한 이후에는 내비게이션을 끄고 다닙니다. 그러면 도로의 이정표와 주변의 풍경이 새롭게 다가옵니다. 내비게이션만 보고 다닐 때 하고는 확실히 다릅니다. 사무실을 벗어나 출장을 갈 때는 목적지 주변과 이동 경로를 지도로 확인해야 합니다. 내비게이션을 보고 최단시간에 도달하는 게 능사는 아닙니다.

얼마 전 저의 중학생 아들이 친구들과 농구를 한다며 신길중학교에 다녀왔습니다. 아들은 휴대폰 앱을 이용했고, 7호선 장암행을 타고 보라매역에서 내렸습니다. 저는 지도를 보고 신길중학교를 찾아봤습니다. 보라매역과 신풍역 중간에 있었습니다. 한 정거장 전, 즉 신풍역에 내려도 걷는 거리는 비슷합니다. 앱으로 검색하고 지도를 확인하면서 스스로 경로를 선택해야 합니다. 다양한 이동경로를 파악하면서 주변 지리를 익힙니다.

94년 군번인 저는 97년에 면허를 땄습니다. 그때는 매년 자동차보험을 갱신하면 보험사로부터 자동차 도로 지도를 한 권씩 받았습니다. 지도를 보고 길을 찾아다녔고, 팩스로 약도를 주고받는 일이 흔했습니다. 회사마다 두꺼운 클리어 파일에 거래처 약도를 모아 놓고 사용했습니다. 약도로 길을 찾다가 헷갈리면 옆 차선의 택시기사한테 길을 물어서 다니기도 했습니다. 지금은 찾아볼 수 없는 아날로그 풍경입니다.

책 『디지로그』이어령 지음, 생각의나무는 디지털 기술과 아날로그 정서가 융합하는 것을 뜻합니다. 휴대폰 앱에 집중하다 보면, 목적지 주변과 이동 경로에 무관심해집니다. 내비게이션에만 의지해서 운전한다면 방향을 가늠하기 어려우며, 목적지 주변 환경에 소홀해집니다. 내비게이션이 없어도 스스로 길을 찾아다닐 수 있어야 합니다. 휴대폰 앱은 디지털 기술이지만 지도를 살펴보는 건 아날로그 정서입니다.

외근 출장을 위해 지도를 살펴보는 건 숭고한 일입니다. 자신이 갈 길을 스스로 찾아보고 경로를 선택하기 때문입니다. 인생의 목적지를 찾을 때는 책이 곧 지도입니다. 먼저 살아본 사람들의 이야기를 책을 통해서 들여다봅니다. 자신에게 영감을 준 사람의 삶의 궤적을 살펴보면서 자신의 인생을 설계할 수 있습니다.

하나의 채널로
관리하는 현장

　경비지도사 같은 현장관리자는 자신이 사업 운영의 소통 채널이라는 사실을 잊지 말아야 합니다. 본사, 고객사 담당자, 현장 관리소장은 각각의 처지가 다른 만큼 상호 간의 원만한 의사소통이 될 수 있도록 현장 관리자가 채널이 되어야 합니다. 관리자는 현장과 회사에서 주고받은 정보를 단순하게 전달하는 사람이 아닙니다.

　본사에서는 아웃소싱 관리자가 원활하게 현장을 운영하고 관리비용을 줄이기를 기대합니다. 고객사와 도급계약이 만료되기 전에 관리자를 통해서 재계약에 대한 확신을 얻으려고 합니다.

　고객사 담당자는 아웃소싱에 지급하는 도급비만큼 정당한 서비스를 받으려고 합니다. 매월 도급비를 지급하기 전에 기성을 검수하고 청구된 내역에 착오가 없는지 살펴봅니다. 도급계약이 제대로 이행되는지 수시로 점검합니다.

관리소장은 본사와 고객사 사이에서 자신의 입지를 구축하면서 소장직을 유지하려고 합니다. 아웃소싱 회사가 바뀌어도 새로운 회사와 계속 근무할 수도 있지만, 계약만료로 자리를 내주기도 합니다.

고객사나 관리소장이 아웃소싱 관리자를 찾을 때 휴대폰 또는 사무실 전화를 이용합니다. 관리자는 수시로 울리는 휴대폰이 지겨울 수 있지만, 현장에서 걸려오는 전화는 즉시 받아야 합니다. 자신도 모르는 내용이 본사로 직접 전달되면 준비할 시간도 없이 일이 진행되기 때문입니다.

제가 신참이었을 때 고참들이 자신의 사무실 전화를 휴대폰으로 착신전환해 놓는 이유를 몰랐습니다. 출장으로 자리를 비우면 사무실로 걸려 온 전화를 다른 직원이 받았고, 담당 현장의 전반적인 내용이 누설되었습니다. 휴대폰으로 직접 연락했으면 혼자서 조용히 처리할 수 있었던 일들이 사무실로 직접 전달되어 옆 부서까지 소문이 났습니다.

현장의 관리소장은 아웃소싱 관리자하고 원만하게 지내려 하지만 고객사 직원이랑 더 친밀해집니다. 소속은 아웃소싱이지만 상주하는 고객사 쪽에 가까워집니다. 그렇다고 자신의 소속회사를 소홀히 할 수는 없습니다. 근로계약과 급여를 비롯한 인사행정은 소속사에서 처리하기 때문입니다. 경비지도사는 고객사와 관리소장의 입장을 고려하면서 적극적으로 소통해야 합니다.

경력과 능력이
같은 말이라고요?

　아웃소싱 사업은 계약 기간 때문에 지속해서 성장하기가 어려운 분야입니다. 매년 12월이 되면 회사마다 명암이 엇갈립니다. 대형 거래처의 계약이 종료되는데 신규수주 실적이 저조하다면 회사의 분위기는 가라앉습니다. 오랜 기간 공들인 A급 영업목표와 거래가 성사된 회사는 화기애애하게 송년회를 준비합니다. 해마다 변동되는 회사의 매출 때문에 현장관리자도 이직을 준비합니다. 대형 사업이 종료된 회사는 관리인력을 줄이려 하고 큰 거래처를 확보한 회사는 경력자가 필요합니다.

　근무경력과 업무능력은 정비례하지 않습니다. 경력을 좁게 해석하면 해당 업무에 종사한 기간에 불과합니다. 운동시간보다 중요한 건 운동 내용과 강도입니다. 10년 동안 한 가지 일만 계속한 사람도 있고, 2~3번 이직하면서 다른 조직문화와 다양한 현장을 경험한 직원도 많습니다. 아웃소싱이 호황이던 시설에는 한 회사에서 10년 이상 근무한 사람이 많았습니다. 성장이 계속되고 마진도 넉넉하던 호경기에는 관리만 하기에도 벅찼습니다. 고객사의 사업이 확장되고 담당자의 업무가 바빠서 외주용역의 품질이나 도급비에 관심이 없던 시절입니다. 사업이 호황일 때는 현장담당자가 별다른 어려움 없이 일을 했습니다. 그런 시절에 함께 근무했던 인맥은 아직도 끈끈하게 영향력을 행사하며 서로를 밀어주고 당겨줍니다.

아웃소싱 본사의 경비지도사는 경비 용역의 영업관리 담당자입니다.

"이 일을 하신 지는 얼마나 되셨어요?"

업무에 종사한 기간을 묻는 말인지 아니면 무엇을 할 수 있는지 묻는 것인지 판단해야 합니다. 근무경력을 묻는 이유는 어떤 일을 해왔으며 무슨 일을 할 수 있는지 궁금하기 때문입니다. 해당 업에 종사한 기간은 이력을 판단하는 데 참고가 되지만 그 사람의 역량을 대변하지는 않습니다. 근속기간은 숫자로 계량되는 객관적 지표이고, 업무역량은 정성적으로 평가되는 주관적 지표입니다.

큰 회사에서 일한 경력이 도움이 될 수도 있고 작은 회사에서 다양한 경험을 쌓는 것도 장점이 됩니다. 기회가 있을 때마다 교육 훈련을 받고 업무에 관련된 자격증을 취득하면 이력서의 완성도가 높아집니다. 사업의 수주실적이 매년 달라지는 만큼 아웃소싱 업계의 이직률은 높아집니다. 충분한 실력과 의지를 겸비한 관리자는 어느 회사에서나 환영받습니다.

열심히 일하는 모습을
보여주려면

"성인 10명 중 5명 '콜 포비아' … 전화보다 카톡이 편해 메신저 앱·문자 등 비대면 의사소통에 익숙해져, 응답자 절반은 '통화 스크립트'를 짜본 경험도 있어."
- 2025.01.19. <뉴스1>

스마트폰의 기능이 다양해지면서 음성통화의 사용량이 줄어들고 문자나 카톡을 선호하는 사람이 늘었습니다. 문자나 카톡도 유용하지만 아웃소싱 담당자에게는 통화가 필수입니다. 전화 인터뷰는 경비원 채용 시 꼭 필요하고, 적극적으로 통화를 한다면 열심히 일하는 모습이 드러납니다.

캡처, 촬영, 녹음, 메시지, 링크 전달 등 스마트폰의 기능은 무궁무진합니다. 휴대폰은 개인용 PC이며 음성통화는 부수적 기능으로 전락했습니다. 상당한 업무 정보가 스마트폰에 들어있고 문자와 카톡으로 업무를 처리하는 세상입니다. 책상의 모니터는 주변 사람들에게 노출되지만, 스마트폰 화면은 그렇지 않습니다. 온종일 스마트폰으로 일을 할 수 있지만, 오해를 받지 않으려면 열심히 일하고 있다는 걸 주변에 알려야 합니다.

문자와 카톡으로 할 수 있는 일도 많지만, 너무 몰입하다 보면 개인 용무를 보는 것으로 오해를 받습니다. 주변 직원들한테 보란 듯이 구직자와 통화를 하며 면접을 안내하고, 수시로 현장직원이랑 통화하면서 업무를 챙겨야 합니다. 열심히 일하는 모습을 보여주려면 전화 통화는 필수입니다.

직원 채용 시 서류를 검토하고 면접할 때 꼭 필요한 건 전화 인터뷰입니다. 전화를 받는 태도와 목소리는 중요한 지표입니다. 자신이 지원한 회사의 상호와 포지션 정보를 정확히 알고 있는 사람한테 믿음이 가는 건 당연합니다. 어눌하고 갈라지는 목소리에 말귀가 어둡고 자기 말만 하는 사람을 면접 보려는 담당자는 없습니다. 문자와 카톡 때문에 갈수록 음성통화를 기피하지만 구직자와의 전화 인터뷰는 꼭 필요합니다. 구직자들은 저장되지 않은 번호로 걸려오는 전화를 반가워하므로 통화하기가 수월합니다. 자신이 이력서를 제출한 회사에서 걸려 온 전화이기를 기대합니다.

몇 년 전에 근무했던 회사의 대표는 비교적 일정한 시간에 출퇴근했습니다. 사장이 출퇴근하는 시간에 저는 이력서를 손에 들고 구직자와 통화하며 적극적으로 일하는 모습을 보여주었습니다. 덕분에 긍정적인 평가를 받으면서 회사 생활에 여유가 생겼습니다.

채용담당자라면 구직자와 수시로 통화하며 열성적으로 포지션을 설명하고 면접을 권유하면 좋습니다. 구매담당자라면 여기저기 비교 견적을 요청하고 일부러 협상을 요청하면서 회사업무에 충실한 사람으로 보이면 여러모로 효과적입니다.

피스메이커(Peacemaker)
경비지도사

시설경비업을 비롯한 아웃소싱 사업에는 다음과 같은 직종과 시설이 있습니다.

직종: 청소, 경비, 시설, 주차, 안내, 물류, 생산, 상담, 사무, 운전 등

시설: 학교, 병원, 빌딩, 호텔, 공장, 창고, 마트, 공연장, 오피스텔, 아파트 등

주말이나 연휴에 더 바쁜 호텔, 마트, 병원과 평일에만 근무하는 학교, 사무실의 근무 일정이나 과업 내용은 다릅니다.

"경비원 관리를 많이 해봤어요?"는 직종을 묻는 말이고 "호텔, 병원을 관리한 경험이 있나요?"에서는 시설을 중요시합니다.

여러 가지 시설에서 다양한 직종을 몇 년간 관리했다면 업무에 필요한 경험과 노하우를 가져야 합니다. 중요한 건 오래 했다고 저절로 능숙해지지 않는다는 겁니다. 시설물과 직종의 유형에 따라 크고 작은 사건,

사고를 경험해 봐야 업무를 제대로 파악할 수 있습니다.

 인원이 많은 대형 사업장도 조직이 잘 구성되고 이직률이 적다면 1년 동안 매달 청구서만 작성하면서 편하게 관리할 수 있습니다. 사건·사고가 없어서 편할 수도 있지만, 해당 현장의 업무를 파악할 기회는 줄어듭니다. 잘 돌아가는 현장에 가서 근무실태를 알아보려는 담당자는 해당 소장이나 고객사에게 환영받지 못합니다. 다른 목적이 있는 건 아닌가 하는 오해를 받기도 합니다.

 계약서에 도장을 찍고 나면 현장을 잘 관리해야 합니다. 평소에 잘해도 사고가 터지면 그동안의 관리 노력은 허사가 됩니다. 산업재해 예방도 중요하지만, 비리나 횡령이 발생하지 않도록 주의해야 합니다. 현금을 주고받으며 일을 하면 본의 아니게 사고가 생깁니다. 현장관리에서 중요한 것은 리스크 관리입니다. 사람은 상황에 따라 변신을 거듭합니다. 마트의 계산원이나 주차 정산소 직원들은 다양한 결제 방식 때문에 피로도가 높아졌습니다. 사고가 발생할 요소가 있는지 구체적인 확인이 필요합니다.

 저는 10여 년 전 의류매장 판매관리 현장을 관리했습니다. 행사 매대의 POS를 운영하는 몇 달 동안 누적된 마이너스 시재가 2,600,000원이었습니다. 직원들이 POS에서 근무를 교대할 때 시재 점검과 인수인계를 제대로 하지 않았습니다. 마이너스 시재가 몇 달간 누적되자 고객사에서는 시재가 복구될 때까지 도급비를 지급하지 않았습니다.

현금을 받지 않는 버스처럼 현금 결제는 갈수록 줄어들지만, 과거에는 마트 계산대의 현금 시재 사고, 주차장 관리원의 금품수수 같은 사건이 종종 있었습니다. 강남의 번화가에 주차난이 심각해지면 건물의 관리소장이 인근 업소로부터 대가를 받고 주차장을 개방하기도 했습니다. 회사의 관계자나 지인의 차량이 출입할 때 주차장을 무료로 개방하는 일은 흔합니다.

금품 사고는 현장직원 간의 다툼이나 산재 사고와는 처리방식이 다릅니다. 사고의 원인과 책임은 명확하게 구분하기 어려운데, 피해 금품은 신속하게 갚아야 하기 때문입니다. 현금 결제는 갈수록 줄어들지만, 아직도 많은 곳에서 현금을 다룹니다. 업무 절차를 구체적으로 파악해서 금품 정산에 관한 리스크를 줄여야 합니다.

일하던 직원이 다치거나, 직원 간의 다툼이 생기거나, 인력 수급에 문제가 있을 때 현장을 깊숙이 들여다보고 실태를 파악할 수 있습니다. 사건 발생 → 원인 파악 → 현장 수습 → 대책 마련의 과정을 몇 차례 겪어 보면 업무에 대한 자신감이 생깁니다. 갑작스러운 사고로 휴일을 반납하고 수습에 나설 때도 있지만 그 모든 일이 자신에게 손해가 되는 건 아닙니다. 현장을 관리하면서 몇 번의 사고를 겪어보면 역량이 늘고 자신감이 생깁니다.

간접세도 내고
직접세는 정산하는 성실한 납세자

지난주에 회사 직원 중 한 명이 담배꽁초 무단투기에 단속되었다고 푸념을 늘어놓았습니다. 담배꽁초, 껌, 쓰레기 등의 무단투기는 쓰레기 배출방법 위반이며 단속 주체는 지자체의 자원순환과입니다. 과태료는 5만 원이고 15일 이내에 자진납부하면 20% 감경됩니다.

"대구 금연구역 1천 813곳으로 확대… 흡연자 '세금 내는데 부당' 불만"
-2024.08.19. <영남일보>

매일 담배를 구매하는 흡연자는 간접세를 성실하게 납부하는 셈입니다.

경비지도사를 비롯한 아웃소싱 관리자들의 세무처리는 연말정산이 대표적입니다. 해마다 1월이면 최저임금인상, 용역비 인상 및 재계약, 급여 산출 등으로 바쁘지만 현장직원들한테 연말정산도 안내하고 제출 서류를 챙겨야 합니다. 경영지원팀과 사업팀은 연말정산 관련한 업무분장으로 갈등을 겪기도 합니다. 경영지원팀에서는 이메일을 보내고 공지

사항을 등록하는 것으로 안내를 다 했다고 생각하고, 해마다 변경되는 연말정산 때문에 궁금한 점이 많은 현장직원들은 사무실로 끊임없이 전화합니다. 12월 31일 자로 퇴사한 직원의 연말정산 여부를 놓고 실랑이도 벌어집니다.

내 통장을 바람같이 스쳐 가는 월급은 근로계약서에 표시된 금액이 아니라 원천징수된 세후 금액입니다. 주요 공제내역은 보험료와 소득세(지방소득세 포함)입니다. 소득세는 납세의무자가 직접 부담하는 직접세이고 담배, 휘발유, 술에 포함된 세금은 납세의무자와 조세부담자가 일치하지 않는 간접세입니다. 수많은 직장인이 직접세인 소득세는 원천징수로 부담하고 담배를 피우고 술을 마시며 간접세도 냅니다.

직접세를 정당하게 징수하고 간접세 부담을 줄이는 것이 올바른 세무행정입니다. 재벌 회장이나 서민이나 담배 한 갑 살 때 부담하는 세금은 같습니다. 담배 한 갑에 포함된 세금이 많으면 서민들에게는 큰 부담이 되므로 보유재산이나 소득에 따라서 차등 부과하는 직접세로 세수를 확보해야 합니다. 박근혜 정부에서 2015년 1월부터 담뱃값을 2,000원 인상했을 때 서민들의 주머니 사정은 더욱 가벼워졌습니다.

실업급여를
받게 해준다고요?

용역계약에 따라 근로자를 고용하는 아웃소싱과 고용보험의 실업(구직)급여는 밀접한 관계입니다. 근로계약이 만료되어 퇴사하는 직원이 이직을 준비하는 동안 실업급여는 큰 도움이 됩니다. 65세 이상의 계약직 근로자도 연속해서 일하고 있다면 고용보험이 유지됩니다. 한 편에서는 사람이 만든 제도가 완벽할 수 없다는 걸 보여주려는 듯, 실업급여 부정수급이 폭증하고 있습니다.

"회사랑 짜고 실업급여 꿀꺽 … 부정수급 폭증"
- 2024.09.20. <매일경제>

사업주와 근로자가 실업급여를 부정으로 받았다가 적발된 사례가 최근 4년간 200배 급증했다는 소식입니다.

사업주와 근로자가 조직적으로 실업급여를 부정으로 수급하는 사례가 급증했습니다. 직원의 임금을 체불하다가 허위로 퇴직 처리한 후 실업급여를 임금으로 갈음하는 경우, 수급 자격이 안 되는 사람의 서류를 조작해서 실업급여 수급을 도와주는 경우입니다. 이 같은 행태는 고용보험료를 성실히 납부하는 1,500만 명 가입자들에게 상대적 박탈감을 안겨줍니다. 악질적, 계획적 부정수급에 대해 강도 높은 처벌을 고려해야 한다는 주장이 나옵니다.

정부에서 2025년부터 육아휴직급여 상한액을 월 150만 원에서 250만 원으로 올리기로 해 고용보험 재정 부담이 더욱 가중될 것으로 보입니다. 가입자들의 보험료를 인상하지 않고 기금을 유지하려면 부정수급 단속과 처벌을 강화해야 합니다. 근로자와 부정수급을 공모한 사업주는 5년 이하 징역 또는 5000만 원 이하의 벌금에 처할 수 있습니다.

"고용노동부 대구서부지청, 실업급여 부정수급자 검거"
- 2024.09.09. <경북일보>

실업급여 부정수급은 민감한 사회적 이슈이고 중대한 범죄입니다. 어디에나 CCTV가 있고, 통화 내용이 자동으로 녹음되는 세상입니다. 실업급여 부정수급을 가볍게 생각하는 사람들이 있다면, 단호한 태도로 바로 잡아주어야 합니다.

영업만큼 중요한
기성금 청구

현장의 서비스 직원을 관리하는 본사 담당자라면 자신감을 가지고 업무에 임해야 합니다. 관리소장이나 고객사 담당자와 의견을 교환하거나 업무 현안에 갈등이 생겼을 때 지켜야 할 기준이 있습니다. 서비스의 본질을 이해하고 원칙을 준수하되 상황에 따라 판단하고 근거와 명분을 지켜야 합니다.

회사의 신규 영업도 중요하지만 매월 반복되는 기성금 청구를 소홀히 하면 곤란합니다. 현장의 미화원이 24년 2월 29일에 퇴사하였고 3월 1일~3월 3일은 공휴일 및 주말이므로 후임자는 3월 4일부터 근무했습니다. 3월 출근부는 다음과 같습니다. 이런 경우에 3월 기성금은 어떻게 청구해야 할까요?

3월 출근부

직무	직위	성명	01 금	02 토	03 일	04 월	05 화	06 수	07 목	08 금	09 토	10 일	11 월	12 화	13 수	14 목	15 금	16 토	17 일	18 월	19 화	20 수	21 목	22 금	23 토	24 일	25 월	26 화	27 수	28 목	29 금	30 토	31 일	비고
미화	직원	김청소				출	출	출	출				출	출	출	출	출			출	출	출	출	출			출	출	출	출				
			공휴일			입사																												

1) 3월 기성금 = 월 도급비 ÷ 31일 × 28일 (일할 계산)

2) 3월 기성금 = 월 도급비 (만근, 정상 청구)

2)와 같이 청구해야 합니다. 고객사 담당자가 이유를 묻는다면 만근으로 계산한 이유를 아래와 같이 답변합니다.

첫째, 평일에 하는 미화 업무를 중단 없이 제공했습니다.
둘째, 미화원이 퇴사하지 않고 계속 근무했을 때와 비교해서 서비스 일수에 차이가 없습니다.
셋째, 중단 없는 서비스를 위해 후임자를 신속하게 채용했습니다.
넷째, 약속한 서비스를 제공해서 일이 완성되었습니다.

고객사 담당자가 이해하고 인정할 수 있는 답변을 해야 합니다.

다음과 같은 상황은 곤란합니다.

고객사 담당자: 왜 만근입니까? 3월 4일부터 근무했으니 3일분은 공제하는 거 아닙니까?

본사 관리자: 아, 네…. 그러네요, 알겠습니다.

사건, 사고의
이면을 살펴라

아웃소싱 본사의 관리자는 현장 업무에 대해서 얼만큼 알아야 할까요? 청소, 경비, 주차, 시설, 운전, 안내, 사무, 물류, 상담, 배송 등 직종도 다양하고 근무지와 근무시간도 다릅니다. 해당 업무의 기초지식이 있어야 사람을 채용하고 고객사 담당자와 소통하기 수월합니다. 현장 업무를 깊이 있게 아는 것보다 매월 기성금을 청구하고 급여를 지급하는 일이 더 중요하게 느껴집니다.

'조직적으로 운영되는 현장의 자세한 사정은 알기 어렵다.'
제가 경험한 현장관리의 특징입니다.

특이사항이 없는 현장은 관리자가 개입할 필요가 없습니다. 고객사에서 인정받는 유능한 관리소장이 있는데 본사 관리자가 현장에 가서 감 놔라, 배 놔라 하기도 어렵습니다. 괜한 오해를 받기도 합니다. 또박또박 기성금을 받아서 급여만 지급하면 됩니다.

사건·사고가 생기면 현장이 어떻게 돌아가는지 자세히 알게 됩니다. 직원 간의 다툼, 산업재해, 서비스 불만족, 고객의 클레임 등이 발생하면 자연스럽게 현장에 접근합니다.

직원 간의 다툼: 2명 있는 현장도 예외는 아닙니다.
산업재해: 아무리 관리를 잘해도 잊을 만하면 터집니다.
고객사의 불만: 고객사 담당자가 한가한 사람이면 용역관리에 관심을 가집니다.
고객의 클레임: 호텔, 마트, 병원 등 어디에나 블랙컨슈머가 있습니다.
직원의 횡령: 내부의 적이 무서운 법입니다.

일이 벌어지면 현장관리자는 용역계약서와 근로계약서, 출근부 등의 근태기록, 근무 스케줄 등을 확인하고 고객사 담당자와 현장직원을 각각 대면해서 인터뷰합니다. 현장의 상황에 따라서 '네고시에이터'가 되어 악역과 선역을 교대로 합니다. 고장 난 전구는 새 걸로 바꾸면 되지만 감정이 있는 사람을 고장 난 부품처럼 취급할 수 없습니다. 현장에서 서비스를 제공하는 주체는 사람입니다. 눈치, 센스, 육감, 본능, 감각이 살아 있어야 사람을 상대하면서 사업을 관리합니다. 그래야 밀당도 하고 협상도 합니다.

문제를 일으킨 경비원과 일대일로 대면해서 잘 풀어간 내용을 있는 그대로 보고하면 재미가 없습니다. 고객사의 담당자와 본사의 임원한테 보고할 때는 담당자의 역할이 돋보일 수 있도록 해야 합니다.

인사하고 보고만 잘해도
직장생활은 OK

한 이불 덮고 자는 배우자도 같이 살다 보면 하루에도 몇 번씩 마음에 들었다 안 들었다 합니다. 사회생활 하면서 알게 된 사람들이 내 마음에 쏙 드는 경우가 별로 없습니다. 직장동료하고 억지로 좋게 지내기는 어렵지만 일에 관해서는 완벽을 추구해야 합니다. 일 때문에 만난 사람들이 일이 제대로 안 되면 원만하게 지낼 수 없습니다. 제아무리 잘난 사람이라도 인사하고 보고를 제대로 하지 못하면 좋은 평가를 받을 수 없습니다.

인사: 아침에 출근하면 웃는 얼굴로 '안녕하세요.' 하고 인사를 하는 것은 당연한 상식입니다. 이왕이면 '부장님, 안녕하세요.'라고 하는 게 더 좋습니다. 점심시간에 복도에서 마주치면 목례를 합니다. 목례는 가볍게 목을 숙여서 하는 인사가 아닙니다. 눈을 마주치며 아는 척을 하는 인사입니다.

인사의 범위를 넓게 봐야 합니다.

부장님한테 점심을 얻어먹었다면 커피를 한 잔 사는 것도 인사입니다. 비 오는 날 우산을 빌렸다면 우산을 돌려주면서 감사하다는 말을 건네는 것도 인사입니다. 팀장님한테 일에 관한 노하우를 배웠다면 '팀장님 덕분에 좋은 걸 배웠습니다.'라고 답례를 해야 합니다. 신입사원은 인사만 잘해도 좋은 점수를 받습니다.

보고: 선임자가 묻기 전에 미리 하는 게 좋습니다. 최초, 중간, 최종 단계별로 하면 효과적입니다. 단순한 사실이나 정보만 전달하기보다 다음 절차까지 고려해서 보고합니다. 대면 보고, 전화 보고, 서면 보고 방식도 다양합니다. 서론이 길면 좋지 않습니다. 결론부터 보고하고 필요하면 배경 설명을 추가합니다. 굿 뉴스와 배드 뉴스를 구분하고 공감할 줄 알아야 합니다. 저에게는 인사보다 보고가 어려웠습니다. 보고는 어렵지만 효과는 확실합니다.

키워드로 세상을 읽는 비즈니스

현장에서 서비스를 제공하는 인력을 교육하고 관리하는 일은 경비지도사의 주요 업무입니다. 제품을 생산하고 판매하는 일이 아닌 사람을 상대하고 관리하는 일입니다. 사람은 말과 글을 이용해서 서로 소통합니다. 대화를 할 때는 말로 소통하고 메시지를 주고받을 때는 글을 통해서 의사를 전달합니다.

글로 소통을 하려면 압축과 요약이 필수입니다. 핵심과 요점만 정확하게 전달하려는 노력이 필요합니다. 수많은 정보의 취사선택도 마찬가지입니다. 인터넷에 온갖 영상과 텍스트가 범람하는 세상입니다. 가치가 있는 정보인지 단순한 광고인지 구분해서 살펴봐야 합니다.

새로운 현장을 관리하다 보면 보다 넓은 세상에서 다양한 사람들과 소통하게 됩니다. 세상 돌아가는 소식을 알고 업무와 관련한 상식이 있어야 영업도 합니다. 소통이 잘되면 사람의 마음을 움직일 수 있고, 마음이 움직이면 영업으로 이어집니다. 상대가 원하는 정보를 제공하면서 관계를 유지하면 영업이 가능하며, 관계 영업의 추진 방식은 입찰 영업과 다릅니다.

일간 신문은 시의성 있는 정보를 담고 있는 활자 매체입니다. 신문방송학과는 전통적인 인기학과이며 기자가 되기 위해서는 언론고시라 불리는 경쟁률 높은 시험을 통과해야 합니다. 기자들이 취재한 내용을 형식에 맞게 요약한 신문기사는 글쓰기의 정석으로 일독할 만한 가치가 있습니다. 휴대폰이 없던 시절에는 지하철에서 신문을 보는 사람이 많았으며 내리는 사람이 선반에 두고 내린 신문을 다른 사람이 보기도 했습니다. 온라인 매체가 증가하고 기레기, 찌라시처럼 언론을 부정적으로 보는 시각도 많지만 종이 신문의 수요는 꾸준합니다.

"'노도강' 마저 살아났다."
- 2024.06.07. <한국일보>
"신조어 사전: 직대생, 회사 그만두고 의대 입학 준비하는 퇴사자"
- 2024.06.03. <서울경제>

언론에서 양산하는 신조어입니다.

신문은 독자의 관심을 끌기 위해 신조어를 남발하기도 하지만, 시대의 흐름과 화두를 제공하는 훌륭한 매체입니다. 사무실에서 종이 신문을 구독하고 있다면 쉬는 시간에 한 번씩 읽어보면 좋습니다. 클릭을 유도하는 자극적인 낚시글은 종이신문보다 온라인에서 더욱 활개를 칩니다.

기본기부터 배우는
공문서 작성

　업무는 문서로 시작해서 문서로 끝납니다. 도급계약, 기성금 청구 등의 시행문이나 내부에서 쓰는 기안문을 작성할 때는 기본적인 형식을 지켜야 합니다. 전자문서와 종이 문서의 형식은 차이가 없습니다. 문서를 작성할 때 백지상태에서 만드는 일은 거의 없습니다. 기존 문서를 불러와서 편집합니다. 기안문은 자유 양식으로 내용만 간단하게 쓰는 회사도 있지만, 시행문은 형식을 갖춰야 합니다. 문서 작성 요령은 공공기관의 문서를 참고하면 좋습니다. 사진과 같이 1. 인사말, 2. 관련 근거, 3. 본문은 문서의 기본 구성항목입니다.

공문서 표지

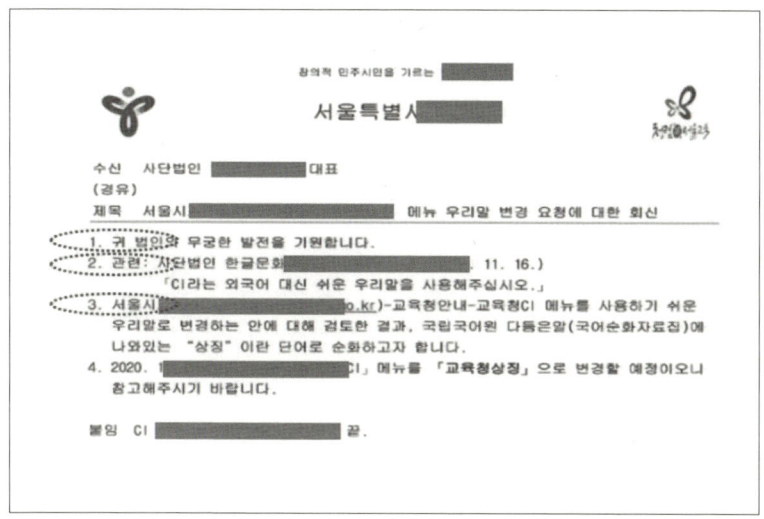

붙임 문서가 있다면 공문서에 표시한 내용과 붙임 문서의 제목이 일치해야 합니다. 의미가 같은 말이라고 해서 대충 작성하면 곤란합니다.

예시) 붙임: 가격 견적서 1부, 끝. 실제 붙임 문서: 가격 내역서

지출결의서나 기안문에 금액을 표기할 때는 숫자와 문자를 함께 적습니다. 이 원칙을 반드시 준수하는 곳이 은행입니다. 은행의 입금요청서에는 숫자와 문자를 함께 표시합니다. 문자를 생략하고 숫자로만 표기하면 금액을 오기하는 실수가 생깁니다.

시행문, 기안문, 보고서, 지출결의서 등의 문서를 작성하는 건 꼭 필요한 업무이지만, 본문 작성에 결재 과정까지 일일이 챙기기 어려운 점 때문에 기피하는 직원들이 있습니다. 문서의 형식과 문장의 맥락을 살피는 글쓰기 경험은 자신에게 귀속되는 역량입니다. 회사를 옮긴다면 새로운 직장에서도 사용할 수 있는 무기가 됩니다.

<시장>
경비지도사의 일터가 궁금해요

"아웃소싱 경력자의 이직에는 유형이 있습니다.
방향을 정하고 경력을 관리하세요."

당신은
어떤 타입인가요?

경비지도사의 가치와 역량은 두 가지 옵션이 더해져야 극대화됩니다. 업무 경력과 근무 자세입니다. 경비지도사 자격증만 가지고 직장을 다니기는 어렵습니다. 입사지원서를 검토하는 인사담당자는 지원자에게 있는 것과 없는 것을 동시에 살펴봅니다.

경비업은 아웃소싱 중 시설용역에 속하고 시설용역의 대표 분야는 청소, 경비, 주차, 시설물 관리입니다. 경비지도사가 현장을 점검하며 경비원을 관리하려면 시설용역 관리 경험이 필요합니다. 경비업법에 명시된 고유 업무를 포함해서 시설용역 전반을 관리하는 포지션을 추구해야 합니다. 경비지도사 자격에 업무 경력을 더하면 충분히 직장생활을 할 수 있습니다.

A type: 업무 경력+관련 자격+근무 자세
B type: 업무 경력+관련 자격(예: 경비지도사, 전기기사, 산업안전기사 등)
C type: 업무 경력

인사담당자라면 누구나 A타입을 원합니다. A타입의 인재가 없으면 B타입이나 C타입을 채용합니다. 저는 아웃소싱에서 20년 동안 일하면서 다양한 유형의 관리자들을 만나봤습니다.

20여 년 전 아웃소싱이 호황일 때는 C타입 관리자들의 전성시대였습니다. 시장이 확대되고 회사가 성장할 때는 매년 연봉 인상에 보너스도 받고 워크숍과 회식도 자주 했습니다. 퇴근 후에 자격증 공부를 하지 않아도 충분히 먹고 살 수 있었습니다. 사업이 호황일 때 매년 성장하던 회사 안에서도 여러 명의 C타입들이 편을 가르고 서로를 견제했습니다. 그런 편 가르기에 몰입하지 않고 조용히 공부한 사람은 B타입으로 갈아타고 레벨업을 하면서 이직했습니다.

시설용역의 현장직원은 중장년이 많습니다. 청소원이나 경비원은 대부분 본업에서 은퇴하고 재취업한 사람들입니다. 시설용역 관리직의 연령대도 비슷합니다. 학교를 갓 졸업한 신참들이 진입하는 분야는 아닙니다. A타입에 필요한 근무 자세는 이런 상황과 연관됩니다. 아웃소싱 본사와 현장에서 마주치는 사람들을 고려한 근무 자세를 갖춰야 A타입 인재입니다. 재능보다 태도가 중요하다는 말처럼 근무 자세는 직장생활의 핵심입니다.

시장이 원하는 건 경비지도사 자격증이 아니라 요구하는 업무를 해낼 수 있는 인재입니다. 그런 인재가 여러 명이라면 그중에서 자격증을 가진 사람을 채용합니다.

매출에 따라
이직하는 직원들

아웃소싱이 호황이던 시기에는 회사에 함께 성장하며 10년 이상 근속하는 직원이 많았습니다. 신규 수주가 활발해서 매출이 증가하면 모두가 즐겁습니다. 인원과 매출이 늘어나면 복리후생이 개선되고 긍정적인 조직문화가 형성됩니다. 지금은 사정이 달라졌습니다. 고물가와 불경기로 시장이 얼어붙어서 매년 성장하기는 요원하고 회사를 유지하기도 힘든 시기입니다.

아웃소싱 담당자는 정규직이지만 정년까지 근무하는 사람은 찾아보기 힘듭니다. 경비업법 제2조에 따르면 경비업의 본질은 도급입니다. 원청이 발주하면 하청이 수주해서 계약 기간 동안 현장을 운영합니다. 계약 기간에 따른 매출 변화 때문에 아웃소싱 관리자가 이직하는 경우가 많습니다.

2024년에 부산지방조달청에서 부산대학교 유인경비 및 주차관리 용역을 발주했습니다. 계약 기간 25.01.01~25.12.31, 사업금액 53억, 용역

인원은 78명입니다. 넓은 캠퍼스에 여러 동의 건물을 보유한 대학교는 아웃소싱의 큰 시장입니다. 현장직원 78명이 근무하는 거래처가 계약이 종료되면 관리하던 회사의 매출은 대폭 감소합니다. 78명이 감소했는데, 신규 계약이 10명이라면 회사에서는 매출 감소에 따른 적극적인 대책을 강구합니다.

담당자는 자신이 관리하던 현장의 인원과 매출이 줄어들면 회사의 눈치를 살핍니다. 부산대학교를 관리하던 A회사는 계약이 만료되어 78명이 줄어들고, 수주한 B업체는 78명이 증가합니다. 인원이 줄어서 회사의 눈치를 보던 A업체의 담당자는 다른 일자리를 알아봅니다.

매출이 증가한 B업체는 현장관리 경력자를 찾습니다. 대형 프로젝트의 새로운 주인이 결정될 때는 낙찰자 결정, 계약, 현장 셋업까지 일사천리입니다. B업체의 기존 직원들은 갑자기 늘어난 일거리를 반가워하지 않습니다.

"그런 대규모 현장은 관리해 본 적이 없어요."
"지방에 있는 현장은 별도의 관리자가 필요합니다."
"노조가 있는 현장에는 노무관리 경험자가 있어야 됩니다."

신규수주가 많은 업체는 당장 현장을 관리할 수 있는 경력자가 필요합니다. 대형 사업장이 종료되어 매출이 감소한 회사는 고정비용을 줄이려고 합니다. 이런 과정에서 경력자들이 회사를 옮기는 건 당연한 수순입니다.

지난 12월에 업계의 지인한테 전화가 왔습니다. 중견 FM업체에서 급하게 경력자를 찾는다는 용건이었습니다. 제가 다니던 회사를 그만두고 그 포지션으로 옮길만한 상황이 아니라서 안부만 묻고 끊었습니다. 아웃소싱 업체는 수시로 직원을 채용하며 즉시 출근 가능한 경력자를 선호합니다. 자신의 업무에 충실한 경력자는 연봉과 직급을 올려서 이직합니다.

시설경비업은
FM(?)의 일부

시설경비업을 파파고(한국어 → 영어)로 번역하면 Facility security business입니다. 시설은 Facility, 건축물을 의미합니다. 아파트, 호텔, 빌딩, 백화점 등은 다 같은 건축물이지만 용도는 다릅니다. 경비업법에서 정의한 대로 시설경비업자는 도급사업자입니다. 건축물 유지관리의 도급사업에는 경비, 청소, 시설, 주차 등이 있으며 모두 서비스(용역)입니다. 업계의 종사자라면 시장의 현황과 특징을 알아야 합니다.

시설관리(FM, Facility Management)를 좁게 보면 전기, 기계, 소방, 건축 설비 관리를 말하지만 넓은 의미로는 경비, 청소, 주차관리를 포함해서 건축물 관리에 필요한 필수 용역을 통칭합니다. 시설경비업과 건물위생관리업 허가를 가지고 경비원, 청소원, 시설관리원을 현장에 배치해서 운영하는 회사를 FM사라고 부르기도 합니다. 태생부터 도급인 시설경비업은 청소, 시설, 주차용역과 밀접한 관계입니다.

시설경비업의 이해

건축물의 규모는 층수보다 연면적이 중요합니다. 20여 년 전에는 연면적 1만 평 이상 오피스빌딩의 청소, 경비, 시설 통합 관리 실적이 있어야 그럴듯한 FM사로 인정받을 수 있었습니다. 당시에는 연면적 1만 평 이상이면 대형(프라임급) 건축물로 분류했지만, 요즘은 3만 평 이상으로 확대됐습니다. FM 서비스만으로는 대형건축물을 감당하기 어렵습니다. 대형건축물에는 임대차관리과 유지보수 및 대수선 공사(M&O, Maintenance and Operation, , 소모 자재, 외주용역, 수선유지) 등의 서비스를 제공하는 부동산 자산관리(PM, Property Management)가 필요하므로 FM은 PM의 일부가 됩니다.

FM사에서 기성금을 청구할 때는 용역직원의 출근부가 필요합니다. PM사에서 월수수료를 청구할 때는 월보고서(MR, Monthly Report)를 함께 제출합니다. 인건비 위주의 FM수수료에 그 달의 소모 자재, 외주용역, 수

선유지비를 더해서 보고서와 함께 고객사에 제출합니다. 수선유지 비용은 항목별 작업주기에 따라서 실비로 정산하므로 PM수수료는 매월 달라집니다.

고객사에 비용을 청구할 때는 근거와 자료가 확실해야 합니다. 월보고서(MR)와 PM청구서는 담당자 혼자서 만들기가 어렵습니다. 담당자가 고객사에 수수료를 청구하려면 먼저 FM사에서 청구서와 자료를 받은 후에, 수선 유지 비용의 거래명세서와 세금계산서, 작업 전후 사진 등을 월보고서에 반영해야 합니다. 청구서 제출할 날짜가 다가오는데 FM비용이나 자료가 아직 확보되지 않았다면 담당자는 난처해집니다. 매월 말이면 PM, FM 담당자는 청구와 마감을 위한 문서작업(Paperwork)에 집중해야 합니다.

아웃소싱 직종,
어떤 동사의 멸종

　아웃소싱 사업을 업면허로 분류하면 시설경비업, 건물위생관리업, 근로자파견업, 시설물유지관리업, 소독업, 저수조청소업, 위탁급식업, 주택관리업 등으로 구분됩니다. 사업의 장소로는 숙박시설(호텔 및 리조트), 의료시설(병원), 판매시설(백화점, 마트), 업무시설(오피스 빌딩), 교육시설(학교, 학원), 창고(물류센터), 공장(생산직)등이 있으며, 대표 직종은 경비원, 청소원, 주차관리원, 조리사, 물류직, 콜센터 상담사, 시설관리원, 사무직 등입니다.

　본사 관리자는 사업 운영에 관한 전반적인 상식이 있어야 합니다. 시설경비업을 주력으로 하는 사업주도 청소업을 완전히 배제하기 어렵습니다. 경비용역을 이용하는 시설물은 당연히 청소도 필요하고 일정 규모 이상이라면 시설관리 직원이 상주해야 합니다.

　책 『어떤 동사의 멸종』을 쓴 한승태는 쓰기 위해 일하는 사람입니다. 콜센터와 물류센터뿐 아니라 뷔페식당 주방에서 벌어지는 모든 일을 경험했으며 건물 청소원으로 일하면서 느낀 점을 빠짐없이 기록했습니다. 『어떤 동사의 멸종』은 시대의창에서 24년 6월에 초판 1쇄를 찍고, 7월에 2쇄를 찍었습니다. 콜센터 상담사, 뷔페식당 조리보조, 건물 청소원, 물류센터 운반직을 직접 체험하고 기록한 노동에세이로 시장의 반응이 좋은 책입니다.

저자가 한 권의 책을 쓰기 위해 몸담았던 콜센터, 물류센터, 호텔, 대형빌딩은 아웃소싱 사업의 큰 시장입니다. 건물에 상주하는 인원이 많은 만큼 다양한 부서에서 여러 가지 직종이 모여 있는 곳입니다.

상담사, 조리원, 물류직, 청소원을 채용하고 관리하려면 그들의 근무환경과 업무에 대한 이해가 필요합니다. 막연하게 짐작하는 것과는 다릅니다. 아웃소싱 종사자가 모든 직종에서 저자처럼 체험하기는 어렵지만 가벼운 마음으로 책 한 권 읽는 것은 얼마든지 가능합니다. 직접경험의 한계를 극복하고 자신의 역량을 키우는 데는 독서가 제격입니다. 책 『어떤 동사의 멸종』은 아웃소싱 환경을 이해하고 자신의 업무역량을 키워나가는 데 보탬이 되는 책입니다.

용역쟁이
노총각의 고민

사무실에서 함께 근무하는 노총각은 올해 38세입니다. 누나만 여러 명이 있는 집의 귀한 아들입니다. 얼마 전에 같이 외근을 나갔다가 카페에서 차 한잔했습니다.

그 친구가 저한테 이런 질문을 했습니다.

'저는 소개팅할 때 제 직업에 대해서 뭐라고 말해야 할지 모르겠어요.'

제 아내는 결혼 전에 저에게 이렇게 물었습니다. 2008년으로 기억합니다.

'오빠는 무슨 일 해요?'

저는 이렇게 답했습니다.

'정보통신공사업, 전기공사업, 시설물유지관리업을 하는 회사에 다니

고 있지.'

당시에 일하던 회사는 시설경비업이 주력이었지만 전기공사도 하고 CCTV도 설치했습니다. '시설경비업'보다 '정보통신공사업'이 좀 더 그럴 듯하게 보였습니다.

제가 근무했던 회사의 허가사항은 시설경비업, 건물위생관리업, 근로자파견업, 소독업, 저수조청소업으로 별도의 허가증이나 등록증이 필요한 사업입니다. 사업의 종목별로 나라장터에 등록하고 입찰에 참가합니다.

제가 알고 지내는 업계 직원들끼리 '용역쟁이'라는 표현을 쓰기도 합니다. 서비스가 용역이므로 틀린 말은 아니지만, 종사자들끼리 자조적으로 하는 말입니다. 소개팅에 나간 남자가 자신의 직업을 '용역쟁이'라고 하는 건 그리 좋은 방법은 아닙니다.

정도의 차이가 있을 뿐 누구나 자신을 꾸미고 싶어 합니다. 자신의 직업을 비하하는 남자는 매력이 없습니다. 너무 겸손해도 안 좋고 심한 과장도 옳지 않습니다. 확실한 모기업이 있는 'IBK서비스'나 '농협파트너스'에 다니는 친구들은 이런 고민을 하지 않을 것 같습니다. 누군가 자신의 직업을 물으면 '아, 네.' 하면서 명함으로 답변을 대신할지도 모르겠습니다.

아웃소싱 보험과
삼성파워

"상반기 車보험 손해율 80% 육박 … 장마철 손보사 '먹구름'"
- 2024.07.24. <메트로신문>

"상반기 자동차보험 손해율 80% 육박 … 집중호우로 악화 우려"
- 2024.07.24. <연합뉴스>

2024년에는 여름 장맛비로 곳곳에 피해가 생겼습니다. 쏟아지는 폭우에 물난리가 나서 도로와 차량이 침수되었습니다. 침수된 차량이 많아서 보험사의 수익률이 걱정된다며 언론들이 기사를 쏟아냈습니다. 기사의 마지막 문장이 눈에 띕니다.

"업계는 하반기 손해율이 상승하면 향후 자동차 보험료 상승이 불가피하다는 입장이다."

보험회사에서 고통을 고객과 분담하려고 하는데, 이익은 어떻게 분배하지는 궁금합니다. 보험가입자는 보험회사에 현금도 납부하고 개인정보도 제공하는 알짜배기 고객입니다. 매년 납부하는 자동차 보험료는 한 푼도 돌려받지 못합니다. 부익부 빈익빈은 심화되고 고물가 저성장

시대를 힘겹게 살아가고 있는데 공룡 같은 보험사들이 보험료를 인상하기 위해 언론사를 움직이고 있는 건 아닌지 모르겠습니다.

아웃소싱 비즈니스에도 각종 보험은 필수입니다.
업무용 차량의 자동차 보험
근로자하고 직원이 반반 부담하는 건강보험과 국민연금
실업급여의 대명사가 된 고용보험
사고에 대비하는 산업재해 보상보험
영업활동으로 입찰에 필요한 입찰보증보험
신규수주해서 계약을 체결할 때는 계약이행 보증보험
사업의 리스크를 관리하기 위한 영업배상 책임보험

불안과 공포를 이용한 마케팅의 대표주자는 보험입니다. 미래에 대한 걱정이 보험시장을 유지하고 보험회사를 먹여 살립니다.

다양한 상품을 취급하는 보험회사는 아웃소싱 업계의 큰손이고 넓은 시장입니다. 생명보험 회사는 전국에 사옥을 보유했습니다. 자회사를 두고 부동산을 관리하거나 특별한 관계의 회사에 사옥관리를 맡깁니다. 삼성그룹의 보험사는 삼성생명입니다. 2000년에 발행된 인터넷 신문에 삼성생명 서비스에 관한 기사입니다.

"삼성생명서비스 3개 사로 분사, 삼성생명은 자회사인 삼성생명서비스를 최근 3개 회사로 분리·독립시켰다. 부동산 관리 및 인테리어 사업 부문은 SAMS(샘스)로, 보험심사 및 리서치 사업부문은 SIS 금융정보 그리고 특판사업 부문은 지난 12일 STMNET으로 각각 분사했다."
- 2000.02.07. <보험신보>

지금도 국내 부동산 관리(PM)업계에서 SAMS(샘스)의 영향력은 절대적입니다. 교보리얼코, 한화에스테이트, KT에스테이트, 농협파트너스 등의 국내 PM사와 CBRE, 새빌스, 존슬랑 같은 외국계 PM사의 주요 포지션에 샘스 출신들이 현역으로 활동하고 있으며 그들만의 네트워크로 영향력을 유지합니다.

경비지도사와
아웃소싱 경력자의 이직

아웃소싱 1위 기업인 삼구에서 2024년 4월에 종합 연수 시설을 준공하고 기념식을 했습니다. 삼구는 확고부동한 업계의 1위입니다. 아웃소싱 업체의 규모는 소기업, 중기업, 중견기업으로 분류합니다. 공공기관에서 발주하는 1억 원 이하의 용역은 소기업, 소상공인을 대상으로 합니다. 발주하는 사업의 규모에 따라 참가자격에 제한을 둡니다. 소기업이든 중견기업이든 각자의 조직문화와 주력사업이 있습니다. 자신의 커리어를 잘 만들려면 회사를 신중하게 선택해야 합니다.

저는 2005년에 시설경비업에 입문했습니다. 아웃소싱의 비전(?)을 보고 바로 취업했다면 1998년부터 일을 시작했겠지만, 이런저런 일을 전전하다가 경비업계에 자리 잡았습니다. 아웃소싱에 관심과 전망을 가지고 졸업하자마자 업계에 뛰어든 사람은 아직 못 봤습니다. 2007년 경비지도사 시험에 낙방했더라면 다른 일을 했을지도 모릅니다.

20년째 일을 하다 보니 많은 사람을 만나고 여러 가지 일을 경험했습니다. 용역사업은 계약 기간이 정해져 있어서 회사의 매출이 일정하지 않습니다. 꾸준하게 성장하는 곳도 있지만 부침을 겪는 회사도 많습니다. 저도 회사를 몇 번 옮겼고 이직하는 사람도 많이 봤습니다. 업계 경력자의 이직 유형은 다음과 같습니다.

1) 1~2년간 채용 및 인사업무를 경험한 후에 일반 기업체의 인사팀으로 이직.

일반기업의 공채가 줄어들면서 회사의 인사팀도 수시로 직원을 채용합니다. 30세 초반 이하의 젊은 층은 아웃소싱에서 채용/인사/노무관리 등을 경험한 후에 일반기업의 인사팀으로 이직합니다.

2) FM업체에서 PM업체로 이직하는 경우.

시설관리는 곧 건물관리입니다. 대형 건물은 부동산 위탁관리가 필요합니다. FM사가 용역관리라면 PM사는 부동산 관리이며 AM사는 자산운용사입니다. FM사 경력을 바탕으로 PM사로 이직하는 사례입니다.

3) 콜센터, 건물관리, 파견, 물류, 생산, 유통 등의 분야를 선택해서 이직하는 경우.

아웃소싱은 분야가 다양하고, 주력사업은 회사마다 다릅니다. 특정한 분야에 관심을 가지고 해당 사업을 주력으로 하는 회사로 옮기는 사례도 많습니다.

자산 운용사 > 부동산 자산관리 > 시설관리

경비지도사를 선임하는 시설경비업체는 도급계약 매출로 회사를 유지합니다. 도급계약의 주체는 원청과 하청이며, 계약서의 첫머리에는 갑을관계를 명시합니다. 시설경비, 시설관리, 건물위생관리 등의 사업을 편의상 FM(Facility Management)이라고 합니다. 시설은 곧 건물이고 부동산입니다. FM사업을 포함한 임대차, 유지보수 등의 부동산종합서비스는 PM(Property Management)입니다.

FM사는 건물주와 직접 계약하면 '을'이지만 PM사와 계약하면 실질적으로는 '병'이 됩니다.

건물주는 PM사와 계약하기 때문입니다. FM사가 상대하는 PM사 담당자는 건물주가 아닙니다. PM사는 건물주한테는 '을'이고 FM사에는 '갑'이 됩니다. FM사는 '병'의 입장에서 '갑(건물주)'과 '을(PM)'을 모두 고려하면서 현장을 관리해야 합니다.

PM사도 건물주한테 매달 대금(PM Fee)을 청구합니다. PM이 대금을 청구하려면 FM수수료가 확정되어야 합니다. PM수수료는 FM수수료+PM수수료(고정비+변동비+관리비)로 구성됩니다. 건물주가 원하는 시기에 청구서류를 전달해야 원만하게 대금을 받습니다.

PM은 FM으로부터 필요한 서류를 받아서 PM 대금을 청구합니다. 정해진 날짜에서 하루라도 늦어지면 독촉을 받습니다. FM담당자는 관리소장한테 마감 자료를 받아서 PM한테 대금을 청구합니다. 관리소장이 출근부, 유지보수 거래명세서 및 세금계산서, 운영비 영수증 등의 자료를 늦게 보내주면 FM담당자는 난처해집니다.

청구뿐 아니라 관리에도 차이가 납니다. PM거래처를 관리할 때는 직영거래처보다 행정업무를 많이 합니다. DR(데일리 리포트), WR(주간 리포트), MR(월간 리포트) 등의 서류 때문입니다.

PM이 건물주한테 제출하는 MR을 작성하려면 FM에서 기초자료를 제공해 줘야 합니다. 건물의 규모가 크고 인원이 많은 현장에는 담당 PM이 상주하기도 합니다. 그렇지 않으면 담당 PM도 3~4곳의 현장을 순회하며 관리합니다.

PM사에서 FM사를 선정하는 방식은 지명(Nominate) 경쟁입찰이 많습니다. 나라장터에 입찰공고가 게시되는 공개경쟁입찰이 아닙니다. 4~5개의 FM업체를 지명해서 담당자의 이메일로 RFP(Request For Proposal)를 보냅니다. PM사는 건물주 또는 자산운용사를 대상으로 영업을 합니다. 건물주와 PM의 관계를 알고 PM 담당자를 편하게 해주는 FM사를 선호하는 건 당연한 일입니다.

업계의
양대 세력

아웃소싱 사업은 제조나 유통이 아닌 서비스입니다. 아웃소싱 영업은 단순 판매(Sales)하고 조금 다릅니다. 일정한 기간에 약속한 서비스를 제공하는 일이 아웃소싱입니다. 계약 기간 동안 일정한 매출이 발생하다가 계약이 만료되면 매출이 감소합니다. 이상적인 아웃소싱 사업은 하나의 거래처에 많은 인원을 장기간 서비스하는 것입니다. 대형 거래처의 계약이 종료되면 매출이 큰 폭으로 감소합니다. 매출이 줄어들면 회사의 분위기는 어수선해지고 관리자들은 이직을 고려합니다.

고객사에서 용역업체를 A사에서 B사로 변경했다면, A사의 관리자는 일감이 줄어들고, B사의 관리자는 일감이 늘어납니다.

서비스는 계속돼야 하므로 계약을 수주한 B사에서는 신입을 육성해서 관리를 맡길 여유가 없습니다. 즉시 현장을 관리할 수 있는 경력사원을 영입합니다. A사에서 일하던 관리자가 B사로 이직하기도 합니다.

B사의 기존 직원들은 굴러들어 온 경력자가 반갑지 않습니다. 아웃소싱 업계에도 박힌 돌과 굴러들어 온 돌, 2개의 파벌이 존재합니다. 연 매출 1,000억 이상의 중견기업도 수시로 경력직원을 채용합니다. 기존 직원들이 선호하지 않는 포지션도 있고 신규 사업에 필요한 인재가 부족하기도 합니다. 외부에서 영입한 직원들이 기존 직원들과의 관계가 원만해야 하는데 그러기가 쉽지 않습니다.

수십 명의 직원이 일하다 보면 나이, 성별, 직급, 처우, 경력, 성격 등을 서로 비교하지 않을 수 없습니다. 중견 관리회사인 P사의 본사 관리직 채용공고는 잡○○○에 항상 올라옵니다. 사원부터 임원까지 모든 포지션을 수시 채용 중입니다. 기존 직원들이 단단한 팀워크로 세력을 구축하고 있고, 외부 인재들은 입사와 퇴사를 반복하는 것으로 짐작됩니다.

국내 최대 아웃소싱 업체인 삼구는 업계에서 유일하게 신입사원을 공채합니다. 공채 기수별로 각 부서에서 활약하고 있으니 외부에서 경력직을 채용하기보다 내부 발탁을 우선으로 합니다. 충청도의 폐교를 리모델링해서 그룹의 연수원을 준공하고 2024년 4월에 기념식을 했으니 업계 1위 기업다운 면모입니다.

외부에서
영입한 임원

 중기업과 소기업을 묶어서 중소기업이라 하고 중소기업의 범위를 벗어나면 중견기업으로 분류합니다. 자산규모나 업종에 따른 매출액으로 중소기업과 중견기업을 구분합니다. 아웃소싱 업종은 평균 매출액이 600억 이상이면 중소기업 혜택을 받을 수 없습니다. 매출액과 자산이 늘어나면 그에 맞는 조직을 갖춰야 합니다. 사원부터 임원까지 적절한 인원으로 조직을 구성합니다. 아웃소싱 본사에도 임원이 많습니다. 임시 직원을 줄인 말이라고도 하지만 여전히 임원을 꿈꾸는 사람들이 많습니다. 제가 20여 년간 일하면서 지켜본 임원들은 2가지 유형으로 분류됩니다. 내부에서 발탁한 임원과 외부에서 영입한 임원입니다. 오래 다니지 못하고 금세 떠나는 임원은 대부분 외부에서 영입한 임원이었습니다.

 외부에서 영입한 임원이 2년 이상 근무하는 건 보기 드물었습니다. 회사의 오너가 임원을 영입할 때는 이유는 분명합니다. 오너가 기대한 만큼 성과를 내지 못하는 임원은 회사를 떠날 수밖에 없습니다. 오래 전 아웃소싱 중견기업에서 함께 근무했던 9년 연배의 고참이 한 명 있습니다. 경기가 좋던 시절에 전성기를 보냈던 그는 중견기업 임원으로 오래 근무하지 못했습니다. 영업에 집중하면서 성과를 냈지만, 오너의 기대에는 못 미쳤기 때문입니다. 이후에도 K사, D사 등의 임원으로 이직했지만 1년을 넘기지 못했습니다. 지금은 체급을 낮춰서 작은 회사의 관리직으로 자리를 잡았습니다.

계약직 임원이 그만두는 이유는 2가지입니다.
1) 목표나 기대치보다 부족한 영업실적 때문에
2) 신규수주 이후에 더 이상 실적을 기대하기가 어렵다고 판단하는 경우

지속적으로 신규 영업을 할 수 있는 임원은 찾아보기 힘듭니다. 그런 능력이 있다면 자신이 오너가 될 것입니다. 오너는 신규 계약을 수주한 임원을 곧바로 정리하기도 합니다. 대형 사업을 계속해서 수주하기 힘들다는 걸 아는 오너는 수주를 완료한 임원이 역할이 끝났다고 생각합니다.

직장인이 50세가 되면 커리어의 전환기로 생각하고 새로운 아이템을 준비해야 합니다. 한국은 이미 고령화 시대에 접어들어서 기대수명이 81세입니다. 임원이 돼도 고민이고 안 돼도 걱정입니다. 은퇴 이후의 삶은 우연처럼 한 번의 전환점으로 바뀌지 않습니다. 스스로 방향을 정하고 꾸준하게 길을 찾으면서 전환기를 맞이해야 합니다.

아웃소싱 업계의 큰 손, KT

회사마다 각자의 주특기를 가졌습니다. PM사하고 거래를 많이 하는 FM사, 유통패션 파견전문 업체, 콜센터를 주력으로 하거나 모기업을 등에 업고 승승장구하는 회사 등 회사의 유형은 가지각색입니다.

아웃소싱을 많이 사용하는 대형 고객은 전국 각지에 부동산을 보유한 생명보험사, 은행 등의 금융기관, 공공기관입니다.

KT는 전화국으로 불리던 크고 작은 부동산을 보유한 업계의 큰손입니다. 1981년에 공기업으로 시작한 한국통신이 2002년에 민영화되면서 KT로 바뀌었습니다. 공기업인 전화국에는 청원경찰이 있었지만, 민영화되고 나서 아웃소싱 경비원으로 대체 되었습니다. 전국의 전화국에 경비원을 배치한 회사는 막강했습니다. 국가보안목표인 KT데이터센터에는 특수경비원이 배치되었습니다. 전국에 배치한 경비원을 관리하기 위해 본사의 조직을 지역별 본부로 구성했으며 KT에서 퇴직한 간부들을 영입했습니다. KTF 사옥의 경비용역도 수주하였으나, KTF는 2009

년에 KT에 흡수되었습니다. 전국에 분포한 전화국의 규모와 입지는 대단합니다. 특히 서울, 경기의 번화가에 자리 잡은 전화국은 상당한 가치의 부동산입니다. KT에서 100% 출자한 부동산개발회사, KT에스테이트가 2010년에 출범한 배경입니다.

교환기 등의 통신설비 갖추고 많은 교환원이 근무했던 전화국은 휴대폰 시장이 확대되면서 더 이상 설자리가 없어졌습니다. 거대한 장치산업에서 통신설비가 사라지면서 교환원의 일자리가 없어졌습니다. KT에스테이트가 출범하자마자 2012년에 영등포전화국이 있던 자리에 KNK 디지털 타워가 들어섭니다. 20층 규모의 지식산업센터로 KT와 코오롱의 공동 작품입니다. KNK는 KT & KOLON을 의미합니다.

KT에스테이트의 부동산 개발 사업은 뉴스가 될 만합니다.

"전화국 없애고 호텔 짓는 KT … 왜? [IT클로즈업]"
- 2022. 01. 09. <디지털데일리>
"전화국 자리에 '특급 호텔' … KT '호텔 큰 손' 되나."
- 2019. 07. 18. <한계레신문>
"전화국 헐고 호텔 짓는 KT, '르메르디앙&목시 명동' 오픈."
- 2022. 11. 24. <이데일리>

최근 10년 동안 동해안의 관광지에 인덕션, 세탁기 등의 생활 시설을 갖춘 호텔이 많이 생겼습니다. 생활형 숙박시설을 개별적으로 분양한 건물입니다. 건물의 지분을 구분소유자들이 가지고 있는 집합건물입니다. 건물의 관리단이 호텔 운영사를 선정하고, 운영사는 객실을 판매해서 수익금을 분배하는 구조입니다. 전화국이 있던 자리에 신축한 호텔하고는 사업의 방식과 건물의 용도가 다릅니다.

넥타이 맨 신사의
3개월짜리 근로계약서

처조카의 결혼식을 앞두고 아내랑 밥을 먹다가 제가 말했습니다.

"요즘에 넥타이 매고 일하는 사람들은 자동차 영업사원밖에 없는 것 같아."

아내가 모처럼 제 말에 동의했습니다.

관련 기사도 찾아봤습니다.

"어? 사장님도 노타이네! … KB손보 직원들의 '시원한 출근길'"
- 2021.08.12. <머니에스>
"대한항공 노타이 근무 등 항공업계에 부는 '변화의 바람'"
- 2019.05.01. <이뉴스투데이>
"혁신은 '노타이'부터 … 하나금융, 실적으로 화답"
- 2019.02.01. <헤럴드경제>

"격식 대신 실용, 정장의 눈물"

- 2015.07.14. <아시아투데이>

넥타이를 매고 일하는 사람이 10년 전보다 눈에 띄게 줄었습니다.

복장이 단정하면 몸가짐이 달라지고 예의 바르게 행동합니다. 훈련소의 예비군을 보면 쉽게 이해가 됩니다. 군복을 입고 무리에 섞이면 사람들의 말투와 태도가 금방 달라집니다. 2024년 3월에 처조카의 결혼식이 있었습니다. 오랜만에 양복을 입고 넥타이를 맸더니 복장이 태도를 좌우한다는 느낌이 강하게 들었습니다. 저도 과거에 정장에 넥타이를 매고 일한 적이 있지만, 요즘은 거래처에도 노타이가 유행입니다. 정장을 고집하기보다 단정한 복장과 태도 그리고 올바른 언행을 유지하는 게 중요합니다.

중견 용역업체인 K사의 사무실은 서울 강남입니다. 얼마 전에 K사에서 담당자와 미팅을 했습니다. K사의 현장 관리 직원들은 정장을 입고 일합니다. 점잖게 넥타이를 매고 현장에 다니면서 청소, 경비 근무자들과 3개월마다 근로계약을 갱신합니다. 1년에 4번씩 근로계약을 한다는 건 점잖은 복장과는 어울리지 않아 보였습니다. 고령의 청소, 경비 근로자들은 휴대폰을 이용한 전자서명이 익숙하지 않습니다. 근로계약서를 2부 출력해서 현장에 방문해야 합니다. 연간 4번씩 근로계약을 한다면 분명한 이유와 배경이 있을 겁니다. 탄력적인 인력관리가 목적이라면 셔츠에 점퍼 차림으로 편하게 입어야 합니다. 정장에 넥타이를 맸다면 품위 있게 일해야 합니다. 회사마다 조직문화가 다르고 단정한 사람이 환영받는 건 당연하지만, 말로만 듣던 3개월 근로계약을 눈으로 확인해 보니 약간의 거부감이 들었습니다.

아웃소싱 업계의
BIG 3

　아웃소싱 업계의 BIG 3로 알려진 SG개발, SC개발, SW개발은 상호의 초성과 글자 수가 같습니다. 업력도 오래되고 매출액도 상당하여 업계에서 모르는 사람이 없을 정도인데, 지금은 모두 상호를 바꿨습니다. I&C, C&S, SERVE 등의 영문 이름을 사용합니다. 가장 오래된 회사는 1960년대부터 사업을 했고, 1970년대에 설립한 회사도 오래된 편입니다. 용역경비업법은 1976년에 제정되었으니 이전의 용역사업은 청소업이 주력이었습니다. 1972년에 설립된 D사는 1979년에 취득한 경비업 허가번호가 내무부장관 제11호라며 업력을 자랑합니다. 1981년에 용역경비업법이 1차 개정되었으며 경비지도사 시험은 1997년부터 시행되었습니다. 한국경비협회의 협회 발전사를 참고하면 좋습니다.

　○○개발, ○○환경이라는 상호는 한국에 영어 광풍이 불기 전에 지어진 이름입니다. 영어보다 한자를 선호하던 시절입니다. 회사명함에 한글보다 한자를 더 많이 쓰기도 했습니다. 최근에 설립된 용역사들은 '개발'이나 '환경'보다는 서비스, 시스템, 자산관리, 메인티넌스, 파트너

등의 영어 이름을 선호합니다.

업계의 BIG 3는 모두 '개발'을 버리고 영어 이름을 선택했습니다.

청소나 소독을 주로 하는 업체는 지금도 '환경'을 많이 사용하고 있으며, 법인 설립 당시의 상호를 유지합니다. 업력이 오래된 회사가 지금까지 성장하고 있다면, 본업에 집중하고 내실을 다지면서 단단한 조직을 만들었기 때문입니다. 변화무쌍한 시장에서 오래도록 살아남는 비결입니다.

회사마다 다른
조직문화 살펴보기

아웃소싱 회사는 소기업, 중기업, 중견기업 등 규모가 다양합니다. 오너가 직접 경영하는 곳도 있고, CEO를 내세우기도 합니다. 경비 전문이라며 특정 분야에 집중하는 업체도 많습니다. 회사마다 고유한 조직문화가 형성됩니다.

대기업의 자회사(관계회사)로 운영되는 아웃소싱 회사는 몇 가지 특징이 드러납니다.

1) 회사 내의 주요 보직은 모(母)기업에서 내려온 사람이 차지합니다.
OB(OLD BOY) 임원이라고 누구나 자리를 잡는 건 아닙니다. 경영지원본부장 같은 힘 있는 자리에서 은퇴한 사람이 유리합니다. 모기업에서 은퇴하기 전에 치열한 물밑 경쟁을 거치고 선택받은 사람이 자회사로 이직합니다.

2) 모기업 출신 간부가 하는 일은 제한적입니다.

의욕적으로 일을 하기에는 나이가 많습니다.
OB 임원의 눈에는 아웃소싱 자회사가 모기업의 하위조직으로 보입니다.
모기업과 직접 연관된 사업에는 적극적으로 개입합니다.
일반 거래처와 관련된 일에는 소극적으로 눈치만 봅니다.

3) OB 임원들은 직원들을 평가하고 관리하는 일에 주도적입니다.

부서직원이 좋은 성과를 냈을 때는 자신의 역할을 강조합니다.
부서직원의 과실이 있으면 자신은 모기업 출신이라 실무를 잘 모른다고 합니다.

몇 년 전 강남에 있는 회사에서 면접을 봤습니다. 모기업이 있는 아웃소싱 회사였습니다. 면접은 상대적입니다. 구직자도 회사에 대한 정보를 확인하고, 채용 포지션에 대한 배경을 알게 됩니다. 면접 절차를 비롯한 회사의 분위기도 파악합니다. 그 회사에서 면접을 보고 난 후 기분이 상했습니다. 면접관은 모기업에서 이직한 간부들이었고, 심심풀이로 면접관을 자청하고 있다는 느낌이 들었습니다. 회사에 필요한 적임자를 빨리 채용하려는 의지는 없어 보였습니다. 한가한 OB 임원들이 직원 채용에 관여하면서 시간을 보내는 것이었습니다.

자회사는 모기업의 조직문화를 승계하여 복리후생과 근무조건이 좋은 편입니다. 정기 상여금을 지급하고 동호회 활동을 지원하며 직원 교육 및 워크숍이 활발합니다. 아웃소싱 회사의 고유한 조직문화는 직원들에게 장단점으로 작용합니다.

일단 쓰고 보는
내 주머니의 남의 돈

　돈을 빌려줄 때는 앉아서 건네주고 빌려준 돈을 받을 때는 서서 받습니다. 돈을 건네주는 사람이 갑이고, 받는 사람은 을입니다. 일단 내 주머니에 들어온 돈은 내가 처분할 수 있습니다. 보증금이나 예수금 등 나중에 지출할 돈이라도 마찬가지입니다. 당장 필요하면 쓰고 봅니다.

　현장의 관리소장과 본사의 관리자는 업무상 취급하는 정보가 다릅니다. 현장의 급여나 전도금은 본사에서 내려보냅니다. 관리소장은 본사 직원과 원만하게 지내려고 합니다. 관계가 틀어지거나 감정이 상하면 정당한 대가를 받을 때도 애를 먹습니다. 평소에 약식으로 처리하던 절차를 갑자기 원칙대로 바꿀 수도 있고 이런저런 이유를 대며 지급기일을 늦추는 것도 가능합니다. 대가를 받기 위해 용역을 제공하고, 급여를 받으려고 노동을 하는 사람한테는 보수를 제때 받는 게 가장 중요합니다.

　아웃소싱 본사는 고객사로부터 직접인건비와 간접인건비, 관리비와 이윤을 포함한 도급비를 매달 정산받습니다. 직원이 현장에서 서비스를 제공하면 고객사는 도급사에 대가를 지불하고, 아웃소싱 본사는 도급비를 받아서 직원의 급여를 지급합니다. 급여를 제외한 나머지는 간접인건비, 복리후생비, 부가세, 퇴직충당금, 관리비, 이윤으로 쓰입니다.

비용을 제대로 관리하지 못하면 퇴직금을 지급할 자금이 부족하거나 분기마다 납부하는 부가세를 연체하기도 합니다.

고객사 담당자나 관리소장은 직접인건비를 포함한 기타 비용이 제대로 집행되는지 관심을 가져야 합니다. 복리후생비, 교육비, 피복비, 안전보건 관리비 등이 적절하게 사용되는지 확인하고 자료를 요구해야 하며, 도급사는 관리비와 이윤을 제외한 기타 비용의 집행내역을 확실하게 관리해야 합니다. 집행 여부와 상관없이 예산에 대한 근거와 명분이 분명해야 합니다. 복리후생비 예산이 그대로 남아 있는 이유를 누군가 묻는다면 이런 답변을 해서는 안 됩니다.

"안 써도 되는 돈이다."
"그 돈을 다른 곳에 썼다."

급여를 제외한 나머지 비용을 목적과 다르게 임시변통합니다. 회사의 자금 사정이 일시적으로 어려워지면 예비비로 쓰기도 합니다. 아웃소싱은 서비스로 도급을 완성하는 일입니다. 도급비를 받아서 급여를 지급하고, 남은 돈으로 회사를 운영하므로 비용을 적절하게 관리해야 합니다.

비즈니스 환경,
위기와 기회

1976년에 용역경비업법이 제정되었고 경비협회가 설립된 건 1978년입니다. 경비지도사 시험은 1997년에 처음 시행되었습니다. 시설경비업을 하려면 경비용역을 제공할 시설물이 필요합니다. 1997년과 현재의 시설물은 많이 달라졌습니다. 그동안 수많은 아웃소싱 기업들이 부침을 겪었지만, 여전히 눈에 띄는 회사는 삼구와 맥서브입니다. 1970년대에 설립되어 지금까지 사업을 유지하며 업계를 선도합니다.

시설경비업의 전제 조건은 시설물의 존재입니다. 시설물의 규모, 용도, 위치, 수량, 가치 등은 경비업 시장의 주요 변수입니다. 한국경제가 고속으로 성장한 이면에는 여러 가지 부작용이 있었지만, 지금은 저출생 고령화라는 감당하기 힘든 문제에 직면했습니다. 저출생 여파로 학생 수가 급감하자 교육시설이던 학교가 주거시설, 의료시설로 변모하는 중입니다.

폐교된 학교의 부지는 대중교통과 주변 경관이 양호하여 다른 시설로 재활용하기에 적당하다는 의견이 힘을 얻습니다.

"대지 넓고 교통 편리 … 서울 한복판 폐교가 실버타운으로"
- 2024.10.05. <동아일보>

한국민속촌, 한국잡월드 같은 시설은 단체 관람객을 주 고객으로 하며 학생 단체의 비중이 상당합니다. 학교마다 전세버스를 이용해서 주요 관광지로 체험학습을 다녔지만, 이제는 그런 풍경을 보기 힘들어졌습니다. 저출생으로 인한 학령인구 감소와 노란 버스 사태의 여파로 전세버스 대신 대중교통을 이용하는 사례가 늘었고, 학생들이 주로 이용하던 시설물이 급격히 감소하며 영업을 중단하는 사태가 벌어졌습니다.

제2차 세계대전의 패전국이던 일본은 한국전쟁 덕분에 재기했고, 베트남전은 우리에게 기회가 되었습니다. 위기와 기회는 별개가 아닙니다. 초고령화 사회라는 전대미문의 현상은 누구에게 어떤 기회를 제공하게 될까요?

임시공휴일
풍경

2024년 국군의 날이 임시공휴일로 지정되었습니다. 국방의 의무를 다하는 군인을 격려하고, 국민들에게 여가선용의 기회를 부여하며 내수를 진작시킨다는 정책을 발표하면서 여론의 지지를 받는 모양새도 좋습니다. 명분도 그럴듯한 정책을 발표하면서 임시공휴일에 휴무하는 곳은 공무원 조직입니다.

임시공휴일 지정은 일부에게는 반가운 소식이고 누군가에게는 허탈함을 안겨줍니다.

콘도, 펜션 등의 숙박업계와 여행사 쪽에서는 일단 반기는 모습입니다. 징검다리 연휴에 예약이 늘어나고 있으며 여행업계에서는 발 빠르게 할인 쿠폰을 발행합니다. 반면에 오피스와 대학 상권의 자영업자는 울상입니다. 임시공휴일 당일은 손님이 없으니 쉬는 게 낫습니다. 풍당풍당 평일에는 영업을 해도 매출이 반 토막입니다. 매월 나가는 임대료와 관리비가 더욱 부담됩니다. 하루하루 벌어서 힘겹게 임대료와 관리비를 부담하는 소규모 자영업자에게 임시공휴일 지정은 재앙에 가깝습니다. 2학기 학사일정을 준비해 둔 초중고교의 교사들은 퐁당퐁당 임시공휴일이 당황스러울 수밖에 없습니다. 정규 수업일수를 고려한 학사일정은 징검다리 임시공휴일까지 미리 예상해서 반영하기는 어렵습니다.

아웃소싱 현장의 모습도 가지각색입니다. 마트, 백화점 등의 쇼핑몰 미화원이나 주차관리원은 임시공휴일이라고 무조건 쉴 수 없습니다. 매장이 영업하면 당연히 근무를 해야 하고, 평일보다 업무량이 늘어나기도 합니다. 공공기관에서 일하는 청소원은 눈치 볼 일 없이 편하게 쉴 수 있지만 시설 분야는 최소 근무자가 방재실에 상주합니다. 격일제로 근무하는 감단직 경비원이라면 임시공휴일 지정은 무관한 일이 됩니다.

내수진작이냐 생산차질이냐 어느 한쪽에 답이 있는 건 아닙니다. 정부에서 임시공휴일을 지정할 때는 내수진작에 초점을 맞춰서 발표합니다. 임시공휴일에 쉬는 직장인도 휴일을 보내는 모습은 천차만별입니다. 모처럼의 임시공휴일을 맞이해서 외출이라도 한다면 월급쟁이 직장인의 지갑은 금세 가벼워집니다. 제가 아는 워킹맘 A과장은 임시공휴일이 마냥 반갑지 않습니다. 두 아들과 남편은 공휴일이면 삼식(三食)이가 되기 때문입니다. 삼식이 남자 3명을 돌보는 것보다 사무실에서 일하는 게 낫겠다는 생각이 종종 든다고 푸념합니다.

임시공휴일 지정은 말 그대로 임시적 조치입니다. 저성장 고물가 시대에 적합한 체계적인 경제정책과 급격한 인구변화에 대비한 상시적 조치도 기대해 봅니다.

<영업>
경비지도사가 영업을 한다고요?

"대표가 하는 영업과 직원이 하는 영업은 다릅니다.
함께 성장하는 아웃소싱 영업"

다이렉트
마케팅?

경비용역을 포함한 아웃소싱 영업방식에는 공공 및 민간 입찰, 일반영업, 수의계약, 기존 거래처 확장, 지인 추천 및 소개 등이 있습니다. 영업 대상의 규모와 직종에 따라 방법을 달리합니다. 중소기업의 영업은 오너와 직원이 함께해야 효과적입니다. 오너와 직원의 영업방식은 다릅니다. 직원이라면 누구나 할 수 있는 영업이 다이렉트 마케팅(Direct Marketing, DM)입니다.

누구나 손쉽게 할 수 있으며 적극적인 영업 의지를 보여주는 효과적인 방법입니다.

"제가 어떻게 영업을 해요?"
"저는 영업 못하는데요?"

이렇게 말하는 직원이 많습니다. 이런 분위기에서 자신이 할 수 있는 일을 찾아서 해보겠다고 앞장서는 직원은 돋보입니다. 요즘도 지하철역

출입구에서 매일 전단지를 나눠주는 사람을 봅니다. 받지도 않거나 버리는 사람이 대부분이지만 계속해서 나눠주는 이유는 노출에 따른 효과 때문입니다. 대형 매체를 이용한 광고에 비해 비용도 저렴합니다.

기업의 채용공고에는 인사담당자의 이메일이 표시됩니다. 잡코ㅇㅇ나 사람ㅇ의 구인공고를 보고 담당자한테 이메일을 보내서 영업을 합니다. 준비한 스크립트를 본문으로 하고 회사소개서를 첨부해서 이메일을 보냅니다. 수신처는 한 곳만 지정합니다. 여러 곳에 동시에 발송하는 메일은 효과가 떨어집니다. 하루에 20~30분이면 약 5~10건을 보낼 수 있습니다.

몇 년 전에 근무했던 회사에서 인허가 및 입찰을 준비하는 동안 매일 이메일로 DM을 보냈습니다. 인력 수급과 협력 업체 문제로 고민을 하던 상대방은 이메일 한 통에도 관심을 보였습니다. 그렇게 새로운 거래처를 만들었습니다. 이메일 DM은 잠재 고객과의 접점을 만드는 방법입니다. 한 통의 이메일로 단번에 성과를 기대하기는 어렵지만 새로운 고객과 관계를 형성하기에 좋습니다. 이메일을 확인한 상대방이 회신해 온다면 부담 없이 상담합니다.

하루에 5~10건이면 충분합니다. 영업에 자신이 없는 직원도 할 수 있고, 나이와 역량에 상관없이 가능합니다. '열 번 찍어 안 넘어가는 나무 없다.'라는 말은 열 번 찍으면 무조건 된다는 게 아니라 정성을 들이면 효과가 있다는 말입니다. 신규거래처를 확보해서 매출을 올리는 일은 쉬운 일이 아니지만, 꾸준히 하면 성과가 나타납니다.

 들러리나 병풍 서기도 감수하면서 관계를 유지하면 상대의 마음을 움직입니다. 주변의 도움과 관계를 이용한 영업에는 반드시 대가가 있어야 합니다. 소개나 추천을 받았지만, 성사가 안 되더라도 답례를 해야 하는 게 관계입니다. 이메일로 하는 영업은 누구나 단독으로 부담 없이 합니다. 이메일을 수집하고 DM을 보내서 회신에 응답하는 과정을 겪으면서 업무역량을 키웁니다.

영업을 위한
사업 확장

근로자파견은 아웃소싱의 한 분야로 발주처에서는 운전기사, 사무원, 상담사, 요양보호사 등을 파견으로 운영합니다.

파견사업주 선정 입찰에 참여하려면 파견사업 허가가 필요합니다.
1) 근로자파견사업 신규허가신청서(지정양식)
2) 파견사업 계획서(지정양식)
3) 회사의 정관(사업의 목적)
4) 사무실의 배치도(파견사업 담당자)
5) 사무실 임대차계약서(사무실 면적)
6) 법인등기부등본(임원에 관한 사항)

근로자파견사업 허가를 신청하려면 상기 서류를 고용노동부 노동 포털(labor.moel.go.kr/main/main.do)의 민원 코너에 접수하면 됩니다. 접수하면 담당 공무원이 지정되며 처리기한은 15일입니다. 민원이 접수되면 다음과 같은 알림톡이 옵니다.

"[담당자 지정] 귀하가 신청하신 민원(근로자파견사업 신규허가신청서)의 담당자가 지정되었습니다. (접수번호:515***), 담당자 연락처는 (02-34**-84**)입니다."

지정된 담당자(근로감독관)가 민원인의 사무실로 전화해서 확인하는 서류가 있습니다. 파견사업 담당자 5명의 명단과 4대 보험 가입증명서류입니다. 파견사업 허가를 위한 기준 면적 20㎡를 체크하기 위해 사무실의 도면을 요청합니다. 사무실 임대차계약서에 임대 면적이 표시되어 있지만 정확한 판단을 위해 도면을 확인합니다. 건물의 도면은 필수 제출 서류는 아니고 면적을 확인하기 위한 참고서류입니다. 현장을 실사하는 근로감독관은 허가 신청서류에 포함된 사무실 배치도를 직접 확인하고, 레이저 줄자를 이용해서 면적을 실측합니다.

몇 년 전 저희 사무실에 방문했던 근로감독관은 남자 1명과 여자 1명이었습니다. 파견사업 담당자 명단과 배치도를 지참한 감독관은 담당자의 근무 현황을 일일이 확인했습니다. 파견사업 담당자 5명의 근무 여부를 확인하기 위해서 제출한 서류와 현장이 일치하는지 체크했습니다. 빈 책상에 의자만 놓인 자리는 파견사업 담당자로 인정받기 어렵습니다. 현장 실사를 끝낸 감독관이 최종적으로 요청한 서류는 겸업 사실 확인서와 파견사업 담당자 확인서입니다.

두 가지 확인서를 작성해서 제출하면 신규허가에 필요한 모든 절차가 끝납니다. 근로자파견사업의 유효기간은 3년입니다. 유효 기간 내에 허가를 갱신해야 합니다.

나라장터 전자입찰에 필요한 신인도 점수

나라장터 시설용역에 참가해서 낙찰을 받으려면 적격심사를 통과해야 합니다. 조달청 일반용역 적격심사 세부기준이나 지자체의 세부기준은 간단하고 형식적인 심사가 아닙니다.

어렵게 입찰해서 1순위가 되었다면, 적격심사에서 탈락해서 차순위 업체로 기회가 넘어가는 일이 없도록 해야 합니다.

회사의 신용평가등급이 우수해서 경영상태 평가에서 만점을 받는 게 아니라면 신인도가 필요합니다. 신인도 평가항목은 다양하지만 많은 업체가 경영혁신형 중소기업 인증(메인 비즈, MAIN BIZ)을 선택합니다. 메인 비즈 인증에 관한 정보는 아래 주소에서 확인합니다.

www.smes.go.kr/mainbiz/main.do

처음 인증을 받으려면 컨설팅이 필요하지만, 회사의 직원이 약간의 수고를 감수한다면 컨설팅 수수료를 절감하고 실비로 550,000원만 내고 인증이 가능합니다. 법인을 설립하고 3년이 경과한 회사라면 메인비즈 신규신청이 가능하고 절차는 아래와 같습니다.

1) 기업정보: 회사의 기본정보를 입력합니다.
2) 재무정보: 최근 3년간 재무제표를 참고해서 입력합니다.
3) 자가진단: 주어진 질문에 회사의 상황을 고려해서 자율적으로 답변합니다. 경영혁신 시스템을 통한 기업 자가진단으로 700점이 기준입니다. 자가진단 결과 700점 미만이라면 재진단을 통해서 700점 이상 획득할 수 있습니다.
4) 현장평가: 평가수수료 550,000원 납부하고 평가업체(신용보증기금, 기술보증기금, 한국생산성본부 중 택일)를 선정합니다.
5) 평가진행: 평가 일정을 조율하면 평가자가 회사로 방문합니다. 자가진단 내역을 실제 확인하는 절차이며 현장 평가 시 미비한 자료가 있다면 정해진 기일 안에 메일로 전송합니다.

메인비즈 인증을 위해 크몽이나 숨고, 행정사나 연구원의 컨설팅을 받아도 되지만 수수료를 부담해야 합니다. 크몽에 있는 메인비즈인증 컨설팅 자료는 1,000,000~1,500,000원입니다. 행정사 또는 경영연구원 등 컨설팅 업체의 도움을 받는 비용도 비슷합니다. 조달청 일반용역 적격심사의 신인도 평가항목에 메인 비즈가 있습니다. 배점 한도는 최대 1.5점입니다. 회사의 경영상태를 평가할 때 만점이 아니라면 메인비즈의 신인도 점수로 보완합니다. 인증서의 유효기간은 3년이며, 유효기간 내에 최대 1.5점의 신인도 점수를 확보합니다. 3년이 만료되기 전에 재평가를 통해서 연장이 가능합니다.

그동안 제가 직접 메인비즈를 신청하고 인증받은 건 두 차례입니다. 컨설팅업체의 도움 없이 현장평가수수료만 지급했습니다. 당시의 현장평가위원은 가족친화기업 인증제도를 안내해 주었습니다. 메인비즈를 받은 업체들은 가족친화기업에도 관심을 가진다는 말이었습니다. 가족친화기업 인증의 평가항목과 절차는 메인비즈보다 구체적이고 평가범위도 넓습니다. 전문가의 컨설팅 없이 직접 인증을 받기에는 메인비즈가 적당합니다.

시설용역
입찰 대행 서비스

나라장터 시설용역을 낙찰받으려고 입찰 대행(입찰 가격 산출) 서비스를 이용하는 업체가 많습니다. 저는 15년간 나라장터 입찰을 하면서 유료 사이트의 입찰 정보는 이용했지만, 입찰 가격은 직접 산출했습니다. 입찰 대행은 회원사를 모집해서 입찰금액을 추천해 주고, 회원사는 계약 금액의 1.5%를 낙찰수수료로 지불해야 합니다.

수수료는 낙찰된 후 즉시 지급하는 조건이며 해당 사업의 수익성은 수수료와 무관합니다.

발주처의 입찰데이터를 분석해서 입찰금액을 추천한다고 하지만 모든 발주처에 참고할 만한 데이터가 있는 건 아닙니다. 서울지방조달청 같은 전문 발주처는 데이터가 누적되어 있지만, 과거의 입찰자료가 연간 1~2건에 불과한 발주처도 많습니다. 분석할 만한 자료가 없는 곳입니다.

모든 입찰공고에는 아래와 같은 조항이 있습니다.

입찰참가자는 입찰 전에 국가종합전자조달시스템 전자입찰특별유의서, 조달업체 이용약관, 일반용역 적격심사 세부기준, 지방자치단체 입찰 시 낙찰자 결정기준 및 지방자치단체 입찰 및 계약집행기준, 입찰안내서(과업지시서, 계약특수조건, 별표자료), 기타 입찰에 필요한 모든 사항에 대하여 완전히 숙지하고 입찰에 참가하시기 바라며, 숙지하지 못하여 발생하는 사항에 대한 책임은 입찰자에게 있습니다.

서울의 아웃소싱업체인 P사는 입찰 대행 서비스를 4년째 이용하고 있지만, 아직 1건도 낙찰받지 못했습니다. P사의 입찰담당자는 입찰대행업체가 추천금액을 보내주면 그제야 입찰공고를 확인하고 입찰서를 제출했습니다. 이런 방식으로 입찰을 한다면 낙찰 가능성은 낮아집니다.

입찰공고를 최대한 빨리 확인해야 관련 사항을 체크하고 준비할 시간이 확보됩니다. 입찰대행업체로부터 추천금액을 받은 후에 공고를 검색하고 입찰서를 제출하려면 입찰에 필요한 시간이 부족합니다. 총액 전자입찰 방식에도 사전 등록 절차가 있을 수 있습니다. 입찰 신청을 별도로 하는 경우, 실적증명서 또는 허가증을 미리 제출하는 경우, 입찰보증금이나 입찰보증보험이 필수인 경우입니다.

입찰 대행 서비스를 이용한다면 공고별 추천금액과는 별도로 매일 입찰공고를 살펴보고 참가 가능한 입찰을 체크해야 합니다. 추천금액을 받아본 이후에 입찰공고를 확인한다면 입찰 마감일시가 임박해서 일정에 차질이 생깁니다.

영업 전략의
기초

 비즈니스 환경은 날이 갈수록 복잡해지고 경쟁은 치열합니다. 안전보건경영시스템이 입찰의 필수 조건으로 자리 잡고 있으며 업종별 최저임금의 필요성에 관한 뉴스도 들려옵니다. 인터넷으로 수많은 정보가 실시간으로 공유되지만, 사업에 유리한 소식은 찾아보기 힘듭니다. 시장에서 경쟁하다 보면 수많은 변수와 다양성을 만나듯이 사업환경은 유동적입니다. 변화무쌍한 사업환경에서 살아남으려면 스스로 전략을 세우고 실천해야 합니다.

 입찰에 참가해서 낙찰을 받으려면 룰(RULE)을 알면 됩니다. 전투에서 이기려면 FM(field manual)이 필요하듯이 한 건의 영업을 성사하는 데 필요한 건 전술입니다. 사업이 성장하고 발전하는 건 치열한 전쟁에서 승리하는 것과 같습니다. 전쟁에서 이기려면 거시적인 전략이 필수입니다.

 정답만 골라내는 교육을 받은 우리는 변화무쌍한 세상을 살아가는 지혜는 배우지 못했습니다.

한국의 현대식 학교는 일제강점기의 유산으로, 제국의 첨병과 황국의 신민을 양성하는 곳이었습니다. 한국의 미래를 생각하는 깊이 있는 교육철학은 찾아볼 수 없었고 지금도 크게 달라지지 않았습니다. 학생들은 스스로 질문하고 생각하며 결론을 내리는 일에 익숙하지 않습니다.

틀에 박힌 교과서로 한 번의 전투에서 이길 수는 있지만, 전쟁에서 승리하기는 어렵습니다.

베스트셀러 만화 〈미생〉에 이런 말이 있습니다.

"회사 안이 전쟁터라면 밖은 지옥이야."

회사형 인간은 회사에서만 필요한 존재입니다. 회사 밖은 지옥이라는 말만 듣고 '회사를 떠나면 죽는다.'라고 생각하는 사람과 '정말 지옥인가?'라는 호기심으로 부딪쳐보는 사람의 차이는 엄청납니다. 회사라는 울타리를 벗어나려면 전략이 필요하고 전략을 세우려면 인문학의 통찰이 있어야 합니다. 직접경험만으로는 한계가 있으니 독서를 통한 간접경험이 필요합니다.

유명한 사람한테 비용을 지불해서 비결을 듣고 단숨에 성공하려는 욕심이 있는 건 아닌지 살펴봐야 합니다. 가까운 도서관에서 가서 자신의 마음을 움직이는 문장을 만나봐야 합니다. 공공도서관이 무료 시설이라고 해서 만만하게 보면 곤란합니다. 몇 푼의 이용요금으로 환산하기 어

려운 공공도서관만의 고귀한 가치가 있습니다. 『세이노의 가르침』세이노 지음, 데이원이나

『돈의 속성』김승호, 스노우폭스북스같은 책을 읽고 감동만 해서는 아무 일도 일어나지 않습니다. 단 하나의 문장이라도 가슴에 새기고 실천해야 합니다.

상대의 마음을 얻는
영업 기술

회사의 성장과 발전은 영업이 좌우합니다. 용역사업을 수주하려면 상대방에 따라 영업 방식을 달리해야 합니다. 대표를 직접 상대하는 방식과 담당자의 마음을 얻는 방법은 다릅니다.

누군가의 마음을 얻으려면 대상의 배경과 입장을 이해하고 접근해야 합니다.

상대방을 완전히 파악해서 약점까지 알아냈다고 하더라도 체면은 살려줘야 합니다. 공짜 점심은 없다는 말처럼 모든 관계는 양방향 거래입니다. 주고받는 관계를 유지해야 합니다.

저는 담당자를 상대할 때 신중하게 접근하면서 성향을 파악합니다. 선물, 접대, 나눠 먹기 등의 방법이 통하는 사람인지, 절차대로 처리하는 원칙주의자인지 판단합니다. 상대방이 먼저 원하는 바를 얘기하면 좋지만, 그게 아니라면 시간을 두고 상대를 지켜봅니다. 상대가 가격에 민감한 사람인지 서비스 품질을 중요시하는지 확인합니다. 관계가 형성되기 전에 직설적으로 리베이트를 언급하는 건 상대의 기분을 상하게 합니다. 오너를 상대로 하는 영업이라면 정공법으로 시간을 단축합니다.

10여 년 전에 경기도 공공기관의 청소용역을 수주해서 관리했습니다. 용역비 명세서에는 연 2회 대청소 비용이 포함되어 있었습니다. 발주처 담당자는 대청소를 간단하게 하는 대신 회식비를 지원해달라고 요구했습니다. 담당자의 요청에 따라 대청소 비용을 현금을 준비해서 직접 전달하였으며 계약 기간 1년 동안 특이사항 없이 마무리되었습니다. 오래전 이야기이지만 본질은 다르지 않습니다. 발주처 담당자가 먼저 나눠 먹기를 제안하듯이 영업 담당자가 먼저 제안합니다. "리스크가 없다, 쥐약이 아니다, 어차피 써야 하는 돈이다, 다들 그렇게 한다"는 여러 가지 명분으로 솔깃한 제안을 하면서 상대방의 관심을 유도합니다.

상대방이 부담을 느끼지 않도록 절차와 명분을 만들어 줍니다. 비용과 증빙은 어떻게 처리할지 근거와 명분은 무엇으로 하는지 안내를 해주고 상대의 판단을 기다립니다.

정성을 다해서
방법을 찾아주는 영업

영업과 관리의 우선순위를 따진다면 영업이 먼저입니다. 영업을 해야 관리할 현장이 생깁니다. 규모가 큰 중견기업도 영업과 관리를 완전히 분리하기는 어렵습니다. 관리를 모르는 사람이 영업만 하기가 어렵고, 영업실적만 생각해서 최저가 계약만 수주해도 곤란합니다. 규모가 큰 용역사업은 이해관계가 복잡해서 신규 수주하기가 쉽지 않습니다.

영업이 무엇이냐고 묻는다면 저는 이렇게 답변합니다. 좁은 의미의 영업은 세일즈(판매)이며 넓은 의미의 영업은 정성을 다해서 사람이 마음을 움직이는 것입니다.

호감 가는 이성의 마음을 움직여서 연애를 하고 있거나 결혼한 사람은 영업능력이 검증된 것입니다.

상대의 마음을 움직여서 인심을 얻었다면, 자신의 역량을 동원해서 일을 성사시킵니다. 아웃소싱 영업에 필요한 자질은 다음과 같습니다.

1) **눈치와 센스**: 상대가 원하는 게 무엇인지, 누구한테 권한이 있는지, 중요한 평가 기준은 어떻게 되는지 알아야 합니다.
2) **꾸준한 의지**: 한 번에 성사되지 않아도, 다 된 밥에 코가 빠진 것 같아도, 다시 도전하는 의지가 필요합니다.
3) **업무 상식**: 업무역량이 부족하면 발주처 담당자하고 소통하기 어렵습니다.
4) **회사의 규모와 실적**: 입찰참가자격 및 실적평가의 기준이 됩니다.

공개경쟁 입찰은 회사의 실적과 배경, 담당자의 경험과 노력이 필요한 방식입니다. 탑다운(Top-Down)방식은 지위와 인맥을 이용한 영업입니다.

탑다운 영업: 30~40년 전에는 조직의 상부에서 오더가 내려오면 실무자들이 판을 다시 짜면서 알아서 성사시켰습니다. 요즘에는 간부의 직접 청탁보다 간접적으로 소개하는 경우가 많습니다. 이런 경우 현재 규정이나 절차에 맞지 않으면 실무자들이 추진하기 어렵습니다. 조직문화가 수평적으로 바뀌고 실시간으로 정보가 공유되는 요즘에는 실무자가 부담을 감수하면서 오더를 처리하지 않습니다. 외부인사의 소개나 추천으로 지시가 내려왔다면, 규정이나 절차를 자세히 살펴보고 원칙에 부합하면 진행하되 그렇지 않으면 보류합니다.

영화 〈남산의 부장들〉에서 박정희가 자신의 부하한테 이렇게 말합니다.

"임자 곁에는 내가 있잖아, 임자 하고 싶은 대로 해."

권력자가 간접적으로 오더를 내리면 직원들이 알아서 행동하던 시대입니다. 권력자의 암시를 확대 해석하고 과잉 충성하는 1960~1970년대의 시대상입니다. 실시간으로 정보가 공유되는 요즘은 찾아보기 힘든 장면입니다.

사업담당자가
직접 하는 제안 발표

저는 2007년 9회 경비지도사 시험에 합격했습니다. 합격 후 조금 여유를 찾았고 다른 자격증에도 관심을 가졌습니다. 대한상공회의소의 프리젠테이션 자격이 눈에 띄었습니다. 상대평가 시험으로 치러진 경비지도사에 비하면 조금 수월해 보였습니다. 컴퓨터 상식으로 필기를 보고 파워포인트로 실기를 평가했습니다. 기출문제집으로 연습해서 어렵지 않게 합격했습니다.

20여 년간 일하면서 시설경비업 한 가지 사업만 회사는 아직 못 봤습니다. 건물위생관리업, 시설관리업, 근로자파견업 등의 사업을 함께하는 회사가 많습니다. 청소, 경비, 시설, 주차, 파견 등의 직종을 일정한 비율로 유지하는 회사는 없습니다. 시장 상황이나 영업 실적에 따라 직종별 비중은 달라집니다.

경비지도사는 회사 여건에 따른 임의 업무를 더 해야 합니다.

제안서 만들기도 본사 관리자의 일입니다. 자주 있는 일은 아니지만, 중요한 일입니다. 파워포인트를 조금씩 연습하면 누구나 가능합니다. 제안서 분량의 30~40%는 회사소개이며, 해당 제안과 유사한 사업실적, 레퍼런스 소개가 포함됩니다. 아웃소싱의 목적은 비용 절감 및 효율성 증대입니다. 입찰의 기초금액이 공개되었다면, 견적서도 기초금액에 맞게 작성합니다. 큰 비용이 필요한 고부가가치 사업제안이 아닙니다. 기초금액과 과업 내용을 참고하고 회사의 적극적인 사업 의지를 반영합니다. 디자이너가 제안서를 만든다고 사업을 수주하는 건 아닙니다. 견적금액, 경영상태, 프리젠테이션 등의 평가요소 중 하나일 뿐입니다. 목차와 콘텐츠를 제안요청서(RFP, Request For Proposal)에 맞게 구성하고 표지를 디자인해서 완성합니다. 대충 만든 제안서처럼 보이면 곤란합니다. 평가위원들이 많은 제안서를 자세히 들여다보기는 어렵지만, 성의 없이 만든 제안서는 금방 눈에 띕니다.

영업용 제안서를 만들다 보니 몇 가지 애로사항이 있었습니다. 첫째 제안서를 준비할 시간이 부족할 때가 많았습니다. 제출기한이 넉넉했던 경우는 거의 없었습니다. 둘째 제가 만든 제안서를 평가하고 결정하는 임원은 제안서 디자이너의 고충을 이해하지 못했습니다. 셋째 제안서를 디자인할 줄 모르는 직원들이 제가 만든 제안서를 평가하는 걸 들으면 부아가 났습니다. 넷째 제가 며칠 동안 공들여서 만든 제안서 원본을 얌체 같은 직원한테 넘겨줘야 할 때는 정말 허무했습니다.

애로사항이 있긴 했지만, 제안요청서를 검토하고 견적서 및 제안서를 작성해서 발표와 질의응답을 진행하는 과정을 주도적으로 하다 보니 어느새 프로젝트 매니저가 되었습니다.

※ 대한상공회의소의 프레젠테이션 자격은 2012년에 폐지되었습니다.

현장설명회는
필수 옵션

　시설용역 입찰을 하다 보면 업계 소식과 현황이 한 눈에 들어옵니다. 현장설명회(이하 현설)도 다니고 직접입찰을 하는 건 사무실에 있을 때와는 다른 느낌입니다. 현설의 풍경은 대체로 비슷합니다. 혼자서 조용히 자리를 지키고 있다가 필요한 정보를 확인하고 가는 사람도 있고, 끼리끼리 몰려다니는 무리도 눈에 띕니다. 마치 자신들이 업계의 주류인 것처럼 행동하는 사람들입니다. 현설에 와서 적극적으로 인사하며 명함을 주고받는 사람도 많습니다.

　10년 전만 하더라도 현설은 바람 쐬러 다니기 좋은 구실이었습니다. 충청도에 있는 대학교에서 현설이 있으면 수도권의 업체 담당자 2~3명이 서로 연락해서 참석 여부를 확인했습니다. 현설도 참석하고 업계 직원들을 만나서 정보를 교환했습니다. 현설에 참석하는 가장 큰 목적은 참가자격을 확보하는 일입니다. 현설 진행자의 설명도 잘 들어야 하지만, 준비한 서류를 등록해서 참가자격을 확보하는 게 우선입니다. 현설에 불참한 업체는 입찰에 참가할 수 없습니다.

일이 많고 바쁜 사람은 현설에 참가하기 어렵습니다. 사업이 잘되던 시절에는 놀러 다니는 심정으로 현설을 찾아다녔습니다. 현설 장소의 주변에 뭐가 있는지 지도를 찾아보기도 하고 오랜만에 만난 지인하고 식사를 하면서 소식을 주고받았습니다.

현설을 필수로 하는 입찰은 일반 총액입찰에 비하면 경쟁률이 훨씬 낮습니다.

국립자연휴양림은 매년 현설을 개최하는 사업장입니다. 대관령, 유명산, 중미산 등의 산 좋고 물 좋은 곳에서 현설을 합니다. 사무실에서 업무에 시달리다가 자연휴양림에 가서 바람을 쐬는 건 반가운 일이었습니다.

15년 전에는 공공기관에서 발주하는 용역사업의 마진이 좋았습니다. 퇴직충당금, 국민연금, 건강보험을 정산하지 않던 시절입니다. 요즘에 발주하는 사업은 실비정산을 필수로 하고 있어서 관리비와 이윤만 보고 입찰에 참여하게 됩니다. 그래도 공공기관은 용역 대금이 연체되는 일은 없습니다. 사업실적으로 활용하기 좋고 직원들의 이직률이 낮은 편이라 많은 업체가 입찰에 참여합니다.

대표와 직원의
롤(Role) 플레이

매년 연말이 되면 대부분의 아웃소싱 기업들은 그해의 실적을 돌아보고 내년도 사업계획을 준비합니다. 회사가 성장하려면 영업을 지속해서 매출을 늘려야 합니다. 회사의 대표와 직원들이 꾸준하게 영업을 해서 목표를 달성한다면 조직과 함께 성장하는 보람이 생깁니다. 매출목표에 접근하기 위해서는 대표와 직원의 영업방식을 구분해야 합니다.

영업은 자신을 팔아서 상대의 마음을 얻는 것입니다. 영업사원은 상대의 마음을 움직이기 위해서 시간과 정성을 들입니다. 상대의 관심과 마음을 얻기 위한 영업비용이 문제입니다.

회사의 대표는 영업활동을 위해 현장에서 의사를 결정하고 빠르게 비용을 집행할 수 있지만, 직원은 그렇게 할 수 없습니다.

영업이 아무리 중요해도 모든 직원이 영업에만 매달리기는 어려우며, 유능한 직원에게 영업만 전담하도록 하는 건 직원과 회사 모두에게 좋지 않은 결과를 가져다줍니다. 직원이 하는 영업은 비용에 대한 부담이 적으면서 꾸준하게 추진하면 실적을 낼 수 있는 방식이 적당합니다. 현장관리를 고유 업무로 하면서 부수적으로 영업을 하는 형태입니다.

영업에만 집중하는 포지션에서 오래 버틸 수 있는 직원은 없습니다. 영업에만 집중하면서 월급을 받는 사람이 있다면 창업을 하는 게 맞습니다. 현장관리 위주로 업무를 보면서 영업관리로 영역을 확장해야 합니다. 신규수주 계약이 완료되면 현장관리가 시작되므로 관리와 영업을 완전히 분리하기가 어렵습니다.

아웃소싱 영업은 일회성 판매실적이 아닙니다. 계약 기간 동안 서비스(용역)를 제공하면서 일정하게 매출이 발생합니다. 관리업무를 모르는 사람이 무작정 영업을 하면 곤란합니다. 직원이 할 수 있는 영업은 나라장터 전자입찰, 기존 거래처 관계 영업, DM 이메일 발송 등입니다. 나라장터 전자입찰은 특정한 영업목표가 필요 없으며 인간관계를 위한 식사 접대, 선물비용이 들어가지 않습니다.

기존 거래처 관계 영업은 현장관리 직원이 성실하게 일하면서 고객사 담당자에게 어필하는 것부터 시작합니다. 요즘도 매일 아침 지하철 출입구에서 전단지를 배포하는 사람을 봅니다. 그냥 버려지는 전단지가 대부분이지만 누군가에게는 필요한 정보가 됩니다. 이메일로 DM을 보내는 영업도 꾸준하게 하면 효과를 봅니다. 당장 실적이 나지 않더라도 영업활동 내역을 기록하면서 꾸준하게 실천하면 분명한 성과를 낼 수 있으며 영업활동에 대한 경험치는 개인과 회사 모두에게 이득이 됩니다.

영업하는 요령을 알지만 실천하지 않는 사람과 영업에 대해 전혀 아는 게 없는 사람의 차이점은 없습니다. 알면서도 실행하지 않으면 아무런 결과물도 얻을 수 없습니다. 금연, 금주, 다이어트의 필요성과 방법은 누구나 알고 있지만 실천해서 성공하는 사람은 많지 않습니다. 발로 뛰면서 행동하는 사람이 열매를 얻고 목표를 이룹니다.

<장소>

경비지도사가 머무는 장소는 어디인가요?

"시설경비업의 '시설'은
용도와 목적이 다양한 장소를 의미합니다."

유통업과
판매시설의 지각변동

경비업과 청소업의 큰 시장은 대형 건축물이며, 백화점과 마트는 많은 인력이 상주하는 곳입니다. 유통업은 아웃소싱 업계의 대형 고객이었지만 코로나 팬데믹을 거치고 저성장, 고물가가 지속되면서 오프라인 매장이 줄었습니다.

오프라인 매장이 줄어들고 무인 계산대와 무인 주차장이 증가하면서 많은 인력을 사용하던 유통업계에 큰 변화가 일어났습니다.

기존의 유통업은 계산, 배송, 판촉, 카트, 주차, 보안, 시설, 청소 등 매장 운영과 시설관리에 다양한 직종을 배치했으나 오프라인 매출이 감소하면서 최소 관리인원만 유지하는 추세입니다.

"디큐브시티에 캠퍼스형 오피스 온다. 구로구는 지난 6월 14일 현대백화점 디큐브시티점 소유주인 이지스자산운용의 관계자들과 만나 백화점 영업 종료에 대한 주민들의 우려를 전달했다."

- 2024.09.03. <서울신문>

"줄이어 짐 싸는 유통기업들, 임대료 싼 곳 찾아, 불황이 부른 눈물의 본사 이전, 신세계와 롯데그룹 계열 유통업체들이 잇따라 본사를 옮기거나 이전을 검토하고 있다."

- 2024.09.02. <이투데이>

"유통업계 '칼바람'… 5년간 매장 100여 개·임직원 1만 명 줄었다 최근 국내 대형마트는 점포를 정리하는 추세다."

- 2024.09.10. <국민일보>

본사 이전, 매장 철수, 인원 감축 등 유통시장의 축소를 알리는 뉴스가 연이어 나왔습니다. 고령화로 인해 생산 가능 인구는 물론 핵심 소비 인구 감소로 유통업계의 경영활동에 빨간불이 켜졌습니다. 대형마트가 내놓은 대책은 매장 리뉴얼과 자동화, 인력 구조조정입니다. 특히 계산원 대신 '무인 계산대'를 도입하는 곳이 빠르게 늘었습니다. 실적이 회복될 기미가 보이지 않는 유통업계의 구조조정이 당분간 계속될 것이라는 전망입니다.

경비업과 시설관리업의 주요 고객인 백화점, 마트는 줄어들고 있지만, 물류센터와 생활형 숙박시설, 지식산업센터는 증가했습니다. 변화하는 시장에 빨리 적응하는 업체가 시장을 선점합니다.

제발
분양 취소해주세요

시설경비업의 필수요소는 시설물이며, 시설물이 있어야 경비업이 존재합니다. 시설물의 대부분은 부동산이며, 한국의 부동산 시장은 특별합니다. 주요 신문에는 항상 부동산 뉴스가 등장합니다.

부동산 시장의 트렌드는 건물관리 사업과 직접 연관 있습니다.

오피스텔, 생활형 숙박시설, 지식산업센터는 건물관리사업의 큰 시장입니다. 업무시설, 숙박시설, 공장시설로 건물의 용도는 다르지만, 건물의 크기와 규모가 상당하기 때문입니다. 신축 건물이 준공되면 사람들이 입주하고 용도에 맞게 사용되어야 정상인데, 최근 신문기사를 보면 그렇지 않은 경우가 종종 있습니다.

"제발 분양 취소해 주세요, 오피스텔, 상가 소송 몸살"
- 2024.08.27. <매일경제>

오피스텔, 생활형 숙박시설, 지식산업센터는 집합건물이라는 공통점이 있습니다. 수많은 구분소유자(수분양자)가 건물의 지분을 나눠서 소유합니다. 건물주가 1명인 단독건물이라면 건물의 관리나 처분에 관한 의사소통이 간단하지만, 구분소유자가 여러 명이라면 의사결정 과정에서 갈등이 생길 수밖에 없습니다.

집합건물법에 근거해서 관리단이 구성되고 관리규약에 따라 건물의 관리와 유지보수 등의 업무를 처리합니다. 아웃소싱업체와 건물관리 용역계약을 체결하는 주체는 관리단입니다. 용역 근로자를 채용한 아웃소싱 회사는 근로자에게 매달 급여를 지급해야 합니다. 집합건물 관리단은 입주자들로부터 관리비를 징수해서 건물관리 용역비를 지급해야 하는데, 공실이나 미분양, 분양취소 소송 등의 이슈로 건물의 관리비가 체납되면 용역 대금 지급이 늦어집니다.

분양 및 입주가 완료된 정상적인(?) 집합건물도 구분소유자들의 이해관계 때문에 크고 작은 갈등을 겪습니다. 집합건물을 주로 관리하는 회사는 집합건물법과 관리단 구성에 경험이 있는 경력자를 선호합니다. 건물이 준공되기 전부터 영향력 있는 수분양자에게 접근해서 집합건물법과 관리단에 관한 정보와 자료를 제공하면서 관리단 구성 절차를 함께하는 아웃소싱업체가 건물관리 용역을 수주합니다.

물류센터
전성시대

전국에 분포한 물류센터의 건축법상 용도는 창고입니다. 지식산업센터와 함께 최근 몇 년 사이 급증한 건물이 물류센터입니다. 신축 물류센터는 지식산업센터와 함께 청소, 경비, 시설용역의 큰 고객이지만 두 건물의 관리 주체와 방식은 다릅니다.

지식산업센터는 집합건물로 다수의 구분소유자가 있습니다. 구분소유자들을 대표하는 관리단을 구성해서 건축물을 유지하고 관리합니다. 집합건물법에 익숙한 용역회사가 지식산업센터를 관리합니다. 서울 구로 및 가산 디지털단지를 비롯한 전국 곳곳에 지식산업센터가 있습니다. 현재 공급물량이 많아져서 공실률이 증가하는 추세입니다.

물류센터의 소유권은 건물주 또는 자산운용사가 가집니다. 물류센터 시장에 외국계 부동산 투자회사들이 관심을 보입니다. 신축된 물류센터는 부동산 관리업체(PM)가 통합으로 관리하면서 청소, 경비 등을 FM업체한테 아웃소싱하면서 갑(자산운용사), 을(PM), 병(FM)의 관계가 형성됩니다. PM사하고 거래하는 FM사는 병의 입장에서 갑과 을의 관계를 고려하면서 현장을 관리합니다.

PM사 담당자의 업무를 이해하고 적극적으로 관계를 유지하면, PM사가 발주하는 입찰에 지명되어 신규수주 기회를 얻습니다.

〈이데일리 뉴스〉에 따르면 지난 1년간 93개 물류센터가 준공되었으며 향후 1년간 공급될 물류센터가 약 100개입니다. 지난 1년간 준공된 물류센터는 이천시가 24개로 가장 많았고, 인천 17개, 안성 16개입니다. 국내 유력 PM 사의 신규 물건은 오피스보다 물류센터가 많습니다. 3만 평 이상의 프라임급 오피스는 제한된 입지 때문에 신축이 쉽지 않습니다. 물류센터는 서울의 중심부가 아닌 외곽에 자리하므로 오피스보다 입지 선정에 유리합니다. 신축 물류센터의 75% 이상이 1만 평 이상의 규모로 PM사에서 관심을 가질만한 사업이 됩니다.

"물류센터 과잉공급, 사업성 악화에 파산도" 〈이데일리 뉴스〉의 기사입니다. 지식산업센터와 물류센터의 과잉공급으로 부작용이 우려됩니다. 수요와 공급을 적절하게 조절해야 한다는 건 말처럼 쉽지 않습니다.

특급호텔은
대형숙박시설

주변 어디서나 쉽게 볼 수 있는 크고 작은 호텔은 아웃소싱의 단골손님입니다. 5성급 특급 호텔은 수백 개의 객실이 있는 대형 건축물이며 용도는 숙박시설입니다. 호텔의 핵심 업무를 제외한 일반 업무는 외주 업체가 담당합니다.

객실 관리와 기물 관리는 호텔의 대표 아웃소싱 분야입니다.

네이버 지식백과에서 호텔 기물 관리를 아래와 같이 정의합니다.
"각 업장에서 필요로 하는 각종 장비, 도구를 관리하고 조달을 한다. 업장의 청결 유지와 세제를 관리한다. 기물파손의 원인을 파악하여 기물파손을 최소화한다. 조리부 및 식음료부서의 각종 행사가 원만히 진행되도록 협조한다. 업장에서 나오는 각종 쓰레기를 분리수거하여 처리하는 일을 관리한다. 업장 기물의 적정 수량 유지, 식기세척 기계의 정상가동 등을 관리한다. 기물 보관창고의 청결을 유지한다. 경리부와 협조하여 기물 관련 예산을 신청한다. 업장에서 파손 기물 수리를 신청할 때 시설부와 협조하여 수리·관리한다."

호텔 뷔페, 일식당, 중식당, 베이커리, 룸서비스, 연회장 등의 업장에서 다양한 식기, 장비, 도구를 사용합니다. 사용한 도구(기물)를 세척하고 관리하는 업무가 기물 관리입니다. 단순한 설거지가 아니라 호텔의 기물에 관련한 전반적인 업무를 말합니다.

기물 관리에도 분야가 있습니다.

디시워시(Dish Wash): 식기세척, 컵이나 접시 등의 작은 기물, 파손 주의
포트워시(Pot Wash): 철제 기물 세척, 냄비, 트레이 등 부피가 크고 무거운 기물
주방 청소: 집기, 덕트, 식기세척기, 후드 등의 주방 설비 및 바닥 청소

세척 담당은 오전 조와 오후 조로 나눠서 근무하고, 주방 청소는 업장의 영업이 끝난 야간에 작업합니다. 통상적인 스케줄은 다음과 같습니다.

세척 오전 조: 07시~16시
세척 오후 조: 13시~22시
주방 야간 조: 21시~익일 06시

호텔의 기물 관리는 인원 수급이 어려워서 국내 체류 중인 외국인 근로자를 많이 사용합니다. 호텔의 고객서비스 공간 FOH(Front of house)이 아닌 지원서비스 공간 BOH(Back of house)에서 일을 하므로 건강진단서(보건증)와 취업비자가 있는 외국인이면 누구나 호텔에서 기물을 세척할 수

있습니다.

제조업과 공장
and 생산도급

한컴 경제 사전에서 비즈니스 프로세스 아웃소싱(BPO, Business Process Out sourcing)의 의미를 이렇게 설명합니다.

"회사의 핵심 업무를 제외한 과정을 외부 업체에 맡기는 아웃소싱 방식"

BPO의 대표 분야는 생산도급입니다.

아웃소싱 하면 청소, 경비가 먼저 떠오르지만, 지방산업단지를 중심으로 생산도급을 주력으로 하는 아웃소싱업체가 있습니다. 2012년에 생산도급연합회가 출범했으며 2013년에는 한국생산도급협동조합이 설립되었습니다.

국내 제조업체의 생산도급 아웃소싱 시장은 규모가 큰 만큼 이슈도 많습니다. 대표적으로 '종업원 지위 확인 소송'입니다.

"[판결] 대법원 '한국타이어 협력업체 직원 불법 파견 아니다.'"
- 2018-12-13 16:07 <법률신문>

도급은 원청과 하청의 양자 관계이고 파견은 사용사업주, 파견사업주, 파견근로자 간의 삼자 관계입니다. 아웃소싱 분야에서 불법 파견은 빼놓을 수 없는 화두입니다. 인사노무의 독립성과 사업 경영상의 독립성이 확보되어야 정당한 도급으로 인정됩니다.

생산 도급업자의 사업 종목은 인력공급업입니다. 조립, 포장, 준비, 검사, 물류 등의 일부 생산 공정 또는 라인 도급, 일괄수주 도급으로 전문성 있는 사업을 합니다.

몇 달 전에 서울의 생산 아웃소싱업체 대표와 차 한잔하며 이야기를 나눴습니다. 그 회사는 오산, 동탄, 성남, 파주, 고양 등 경기 지역에 생산 거점이 있는 고객사와 거래를 합니다. 도급 분야는 생산, 물류, 식음(F&B)입니다. 15년 이상의 업력이 있으며 2개의 법인으로 인력을 공급합니다.

합법적인 생산도급을 위해 '사내하도급 가이드라인'을 준수하고 도급 계약 및 운영에 전문성을 추구하며 시장을 확대하려고 노력하는 업체도 있지만 불법 파견 관련 노무 이슈를 피하고 사업의 리스크를 줄이기 위해 2년을 주기로 폐업과 설립을 반복하는 회사도 있습니다. 생산 아웃소싱의 명암입니다.

아파트형 공장에서 지식산업센터로

경비지도사의 존재근거는 경비업법이고, 많은 지도사가 경비업체에서 일합니다. 시설경비업체의 경비지도사는 각 시설물의 용도와 특징 등 관리에 필요한 상식을 가져야 합니다. 건축법 제2조 3항 및 21항에서 건물의 용도를 구분합니다. 대형 집합건물인 아파트형 공장이 2010년부터 지식산업센터로 이름을 바꿨습니다. 수도권뿐 아니라 전국 주요 도시에 지식산업센터가 있으며 과잉공급으로 공실 대란이 일어났다는 소식이 있습니다.

"찬밥 신세 된 지식산업센터, 왜? [김경민의 부동산 NOW]"

- 2024.04.26. <매일경제>

"[단독]흔들리는 '성수 불패' … 지식산업센터 좌초 위기"

- 2024.04.27. <이데일리>

"[르포] 초역세권 지식산업센터도 공실 회복 어렵다."

- 2024.04.11. <조선비즈>

건물관리 제안서나 보고서를 작성하려면 건축물대장을 열람해야 합니다.

누구나 '정부24'에서 집합건축물대장을 열람합니다. 발주처에서 제공한 자료에도 기본정보가 있지만, 제안업체가 건축물대장을 확인하며 디테일한 정보를 추가해서 완성도 높은 제안서를 만들어야 합니다. 입찰에 필요한 실적증명서를 발급할 때도 건축물대장이 필요합니다. 실적증명서에 기재할 건물의 규모와 용도를 참고하고, 건축물대장을 발급받아서 함께 제출할 때도 있습니다. 지식산업센터의 원조는 구로동입니다. 제가 오래 전에 다녔던 회사에서는 구로공단으로 일을 보러 다녔습니다. 2000년대 초반부터 '대륭테크노타운'이 하나둘씩 들어서기 시작했습니다. 구로디지털단지로 출퇴근하던 시절에 다녔던 회사의 사무실은 지식산업센터였습니다. '지하이시티'는 지하 3층 지상 19층으로 연면적 48,035㎡입니다. 주 용도는 공장이고 일부는 지원시설입니다. 260호실로 된 집합건물입니다. 자신이 상주하는 건물의 기본정보를 알아 두면 좋습니다.

집합건물의 소유 및 관리에 관한 법률 제1조에서 집합건물을 정의합니다.

"제1조 (건물의 구분소유) 1동의 건물 중 구조상 구분된 여러 개의 부분이 독립한 건물로써 사용될 수 있을 때는 그 각 부분은 이 법에서 정하는 바에 따라 각각 소유

권의 목적으로 할 수 있다."

한 개의 건물을 다수가 구분해서 소유합니다. 건물은 한 동이지만 주인이 여러 명입니다. 집합건물법 제23조에 관리단의 설립 근거가 있습니다. 건물 준공과 동시에 관리단이 설립되는 건 아닙니다. 신축된 집합건물은 시행사나 시공사에서 건물관리업체를 우선 선정합니다. 입주가 끝나고 구분소유 관계가 정리되면 관리단이 설립되고 관리단에서 건물관리업체를 선정합니다. 집합건물을 관리하려면 집합건물법에 대한 이해가 필요합니다.

아웃소싱 천국과
비정규직의 온상

숙박시설인 호텔은 아웃소싱의 단골 고객입니다. 2012년부터 생활형 숙박시설이 등장하면서 숙박업 시장이 확대되었습니다. 호텔을 비롯한 숙박업소는 객실 점유율 즉, 객실 매출액이 일정하지 않습니다.

호텔 운영에 필요한 핵심 조직을 직영으로 하고, 일반 서비스 분야는 아웃소싱하면서 매출 증감에 따라 탄력적으로 운영합니다.

기물 관리와 객실 관리는 호텔 같은 숙박시설에서 볼 수 있는 서비스입니다. 기물 관리는 호텔의 주방에서 기물을 세척하고 관리하는 일이며, 객실 관리는 객실(unit)별 작업 수량으로 정산합니다. 다음은 유닛제 객실 정비현황입니다.

호텔 객실 유닛별 정비현황

UNIT	standard	superior	deluxe	premiere	suite	UNIT TOTAL	TOTAL ROOM
	1	1.2	1.5	2	2.5		
단가	7,600	9,120	11,400	15,200	19,000		TOTAL AMOUNT
1일	158	56	43	12	2	318.7	271
	1,200,800	510,720	490,200	182,400	38,000		2,422,120
2일	146	41	50	18	3	313.7	258
	1,109,600	373,920	570,000	273,600	57,000		2,384,120
소계	304	97	93	30	5	632.4	529
	2,310,400	884,640	1,030,200	456,000	95,000		4,776,240

호텔에서 한 달간 정비한 객실 현황은 앞 표와 같습니다. 스탠다드 객실 1 unit의 단가는 7,600원입니다. 슈페리어는 1.2배, 디럭스 1.5배, 프리미어 2배, 스위트 2.5배로 계산합니다. 맨 왼쪽은 1일 간의 정비실적으로 객실 종류별로 1일 총 정비 수량에 단가를 곱한 금액(소계)입니다. TOTAL은 유닛 수량과 소계를 합산한 당월 청구 금액입니다.

객실 유닛 단가를 산출할 때는 과거의 정비실적을 참고합니다. 최소 3년간의 객실 정비실적을 참고해서 산출하되 약 70~80%의 객실 점유율을 기준으로 계산합니다. 주말은 성수기, 월~화요일은 비수기입니다. 휴가철, 명절, 연말연시와 공휴일을 참고하여 객실 판매실적을 보고, 평균 가동률을 계산합니다.

객실 판매량은 정확하게 예측할 수 없습니다. 과거의 데이터를 기반으로 평균 가동율 만큼 룸메이드를 운영하고, 판매량이 증가하면 일인당 객실 정비 수량(O.T)을 늘리거나 일용직(경력자)을 고용해서 객실을 청소합니다.

생숙인지
도생인지

은퇴 자금으로 장사를 하려니 치킨집이 너무 많고, 은행의 예금이자는 기대하기 어렵습니다. 분양형 호텔이 5% 이상의 수익을 보장한다면 솔깃하지 않을 수 없습니다.

부동산 투자는 신중해야 하며, 생활형 숙박시설과 도시형 생활주택처럼 새로운 상품이라면 더욱 그렇습니다.

레지던스 호텔 즉, 생활형 숙박시설을 분양받아서 매달 수익금을 받으려면 사업의 구조와 배경을 이해해야 합니다. 분양형 호텔이란 과연 어떤 상품인지 기본적인 내용은 알고 투자해야 합니다.

분양형 호텔의 주인공은 4명입니다.
1) 시행사: 건물 신축 및 분양 사업의 주체, 객실 분양대금으로 토지 매수비용, 공사비 등의 사업비를 회수
2) 시공사: 시행사로부터 건물 공사를 의뢰받아 호텔을 준공하고 공사비를 받

는 건설업체, 신축건물 하자보수 의무가 있음
3) 운영사: 객실 판매 및 호텔 운영 회사, 매출액에서 인건비, 경비, 관리비 등을 제외하고 수분양자한테 수익금을 지급
4) 수분양자: 시행사와 계약한 분양업체를 통해서 객실을 분양받은 사람, 구분소유자

분양형 호텔은 생활형 숙박시설이고 구분소유자들이 지분을 나눠가긴 집합건물입니다. 구분소유자들은 건물의 유지보수와 관리를 위해 관리단을 구성합니다. 관리단의 설립 근거는 '집합건물의 소유 및 관리에 관한 법률'에 있습니다. 구분소유자는 시행사의 사업 비전을 보고 객실당 약 1.5~2억 원을 투자한 사람들이며, 5% 이상의 수익률을 기대합니다. 분양이 완료되고 건물이 준공되면 시행사는 한발 뒤로 물러나고, 호텔을 관리할 운영사가 등장합니다. 운영사는 위탁받은 객실을 판매하여 회사의 살림을 꾸려나갑니다. 객실이 잘 팔려서 사업이 잘된다면 수분양자한테 약속한 수익금을 지급하기가 수월합니다.

분양호텔 수익금 관련 갈등

객실 판매율이 저조할 때가 문제입니다. 수분양자한테 수익률을 약속하고 객실을 분양한 건 시행사입니다. 수분양자가 객실을 분양받을 때는 운영사가 없었습니다. 분양이 끝나고 호텔이 준공되어야 운영사가 영업을 시작합니다. 객실이 안 팔려서 매출이 줄어들면 인건비와 시설 운영비 결제하기도 빠듯합니다. 수분양자가 기대하고 있는 수익금을 지급하기 어려운 상황이 발생합니다.

분양형 호텔 수익금 지급에 관한 갈등의 원인은 여기에 있습니다.

스마트
도시관제센터

몇 년 전부터 새로운 용역사업이 등장해서 전국의 시설경비업체가 현장을 관리합니다. 행정안전부 홈페이지 관련 정보를 참고하면 2018년 말 기준 전국 216개 시군구에서 CCTV(Closed Circuit Television) 통합관제센터를 구축했습니다. 한국은 CCTV의 천국입니다. 편의점, PC방, 백화점 등의 건물 내외부는 물론 차도와 인도 곳곳에 CCTV가 있습니다. 지자체, 경찰, 시설공단 등 다양한 기관에서 CCTV를 설치했습니다.

지자체 통합관제센터의 모니터링 직원은 용역직입니다. 나라장터에서 CCTV 관제센터 모니터링 용역 입찰공고를 찾을 수 있습니다. 매년 입찰로 업체를 선정하며, 참가자격은 시설경비업 허가업체입니다.

CCTV 모니터링 운영 실적이 없으면 수주하기 어려운 사업입니다.

모니터링 용역 입찰 초기에는 실적인정 범위 때문에 수요기관과 조달업체 간의 갈등이 많았습니다. 아파트 경비실의 초소에도 CCTV가 있고, 주차관리실에도 많습니다. 조달업체인 용역회사 담당자는 경비실 CCTV, 주차장 CCTV도 모니터링 실적이라고 주장하며 적격심사 신청서를 제출했습니다.

24년에 2월에 전남의 한 지자체에서 발주한 CCTV 모니터링 용역은 28명 규모로, 입찰공고문에 실적인정범위를 구체적으로 표시했습니다.

> "이행실적 평가는 입찰공고일을 기준으로 최근 5년간 완성(준공)된 통합운영(관제)센터 모니터링용역 이행실적비율로 하며(10개월 이상 계속 수행한 실적에 한하며, 기성실적은 인정하지 않음), 동등 이상 평가대상 용역은 발주부서 판단에 따릅니다."

경비실 CCTV, 주차장 CCTV 등은 실적으로 인정하지 않는다는 말입니다. 2020년에 서울의 한 자치구에서 나라장터로 발주한 CCTV 모니터링 용역을 낙찰받았습니다. 구청 옆의 보건소 건물 지하에 24시간 운영하는 관제센터가 있었으며, 용역직 모니터링 직원뿐 아니라 관할 서에서 파견 나온 경찰관도 함께 근무했습니다. 삼교대이긴 하지만 실내에서 모니터링에만 집중하는 일이라서 이직률이 높지 않았습니다. 경찰관을 비롯한 다른 부서 직원들이 수시로 출입해서 그런지, 모니터링 직원 간의 갈등도 거의 없었습니다.

CCTV 모니터링하고 가장 유사한 사업허가는 시설경비업입니다. CCTV 모니터링 사업은 시설경비업체를 대상으로 하고, 해당 직원은 경비업체 소속이지만 모니터링 업무는 경비업법에서 정의하는 시설경비 업무가 아닙니다. 경비원 배치신고 대상이 아니므로 경비지도사도 선임하지 않습니다.

대기업 사옥의
기사 대기실

운전직은 근로자파견의 대표 분야로 파견 대상 업무에 자동차 운전 종사자가 있습니다. 젊은 시절에 운전대를 잡은 경험으로 평생 운전에 종사하는 사람들이 많습니다. 자의반 타의반으로 운전대를 잡게 된 배경에는 대한민국의 징병제가 존재합니다.

일반 병사들이 군에서 경력을 쌓기에 좋은 보직은 취사병과 운전병입니다.

수많은 병력이 상주하는 군대에서는 1일 3식의 단체급식은 중요한 일과입니다. 입대 전에 관련 학과를 전공했거나 유사 경험이 있는 병력은 거의 다 취사병으로 배치됩니다.

저하고 같이 논산훈련소를 퇴소하고 황금박쥐부대에 배치된 동기 중에서 운전면허 소지자는 전부 수송부로 갔습니다. 기능사 자격증이 있는 저는 통신대로 배치되었습니다. 다양한 종류의 군용차량 운전병은 꼭 필요한 보직입니다. 사단장이 탑승하는 1호 차량 운전병은 아무도 건드리지 못합니다. 군에서 운전을 하다가 전역한 예비역들이 쉽게 취업하는 분야가 운전직입니다. 규모가 큰 회사의 지하주차장에는 기사 대기실이 있습니다. 대기실에 출입하는 직원 중에는 운전병 출신이 많습니다.

약 10년 전에 다니던 회사는 서울에 있는 H사와 거래가 있었습니다. H사의 건물 지하에 있는 기사 대기실에는 업무기사와 수행기사가 상주했습니다. 한 번은 파견 운전직으로 근무하다가 계약만료로 퇴사하는 직원한테 3개월 치 급여를 추가로 지급했습니다. 퇴직금과 별도로 전별금을 지급한 것입니다.

전별금은 두 가지 의미입니다. 보내는 쪽에서 떠나는 사람한테 그동안 수고했다는 의미로 예의를 차려서 작별하는 것입니다. 순수한 의미의 전별금입니다. VIP를 수행하는 운전기사는 여러 가지 정보를 직, 간접적으로 알게 됩니다. VIP의 습관, 말투, 기호를 비롯하여 주요 동선이나 취미 등도 포함됩니다. 2년 동안 VIP를 모신 수행기사라면 여러 가지 정보를 보고 듣게 됩니다. 퇴사하는 운전기사한테 위로금을 전달했다면 일하면서 알게 된 정보를 누설하지 말라는 뜻입니다.

과적이 불가능한
레미콘 트럭

근로자파견은 청소업, 경비업과 함께 잘 알려진 아웃소싱의 분야입니다. 파견근로자가 많은 직종은 사무직, 상담사, 운전직 등입니다. 일부 기관에서는 셔틀버스 기사와 수행기사를 파견직으로 발주합니다. 운전직에 쓰이는 차량의 종류도 다양합니다. 버스운전은 안전운전하면서 배차 간격 맞추기도 벅찬데 타고 내리는 승객의 안전까지 신경 써야 합니다. 화물차는 과적의 부담을 안고 시간에 쫓기며 과속을 합니다. 수행기사는 럭셔리 세단을 운전하지만 술, 담배를 즐기는 사람은 곤란하고, VIP의 성향에 따라 근무 강도가 천차만별입니다. 택시 운전은 식사시간이 불규칙하고, 화장실을 다니기가 불편합니다.

레미콘 업체인 A산업은 여러 곳의 파견사와 계약을 하고 레미콘 운전기사를 사용합니다. 레미콘 운전은 화물트럭과는 달리 과적의 부담이 없습니다. 과적이 불가능한 차량의 구조 때문입니다. 공장과 공사장을 오가는 레미콘 차량은 야간 운행이 없으며 평일에만 근무하고 주말에는 쉽니다.

화물트럭이나 버스운전 하시던 분들이 레미콘 운전으로 갈아타기도 합니다.

레미콘, 지게차, 덤프트럭은 자동차가 아니라 건설기계입니다. 기계의 종류에 따라 고유번호가 있으며 지게차는 4번, 덤프트럭은 6번, 레미콘은 14번입니다. 번호판의 색깔은 주황색입니다.

레미콘 운전은 일명 '탕 뛰기'입니다. 공장에서 콘크리트를 싣고 공사장에 한 번 왕복하면 '한탕'입니다. 공장의 입지에 따라 한 달간 운행목표(횟수, 탕)가 부여됩니다. 부지런히 공사현장을 다니면 기준 횟수를 초과하여 추가 수당을 받습니다. 레미콘 경험이 없는 신입이 입사하면 고참이 함께 타면서 견습 운행을 합니다. 견습을 마친 신입 기사한테는 신형 차량을 배차하지 않습니다. 초보운전자가 중고차로 연습하는 것과 같습니다. 건설기계를 운전하며 경기도 외곽의 공장에서 서울시내 공사장을 왕복하는 일이 쉬운 일은 아닙니다. 처음에는 누구나 고충을 겪지만, 자기 차량을 구입하지 않고 대형면허만 가지고 할 수 있는 일이 A산업의 레미콘 운전입니다.

호텔이 객실 수라면
병원은 병상 수

건축법 제2조에서 건축물의 용도를 29가지로 구분합니다. 건물의 세부 용도는 건축법 시행령에 있습니다.

병원은 의료시설이고 대형병원에는 다양한 직종의 용역직이 근무합니다.

일반적인 건물은 층수와 연면적으로 규모를 가늠하지만, 호텔은 객실 수, 병원은 병상 수로 판단합니다.

병원, 호텔, 오피스건물의 입찰공고는 다음과 같이 참가자격을 구분합니다.

1) 병원 입찰 참가 자격: 최근 5년 이내에 400병상 이상 종합병원에서 업무위탁 용역을 1년 이상 수행하고 이행을 완료한 실적이 있는 업체.

2) 호텔 입찰 참가 자격: 최근 5년 이내 4성급 이상 호텔에 대하여 다음에 해당

하는 실적을 보유한 업체이어야 합니다. 단일계약 건으로 객실 250실 이상의 객실정비실적.

3) 오피스 건물 입찰 참가자격 : 입찰공고일 기준 최근 5년 이내에 단일 건으로 건물 연면적 41,033㎡ 이상인 업무시설에 대하여 1년 이상의 이행실적이 있는 업체.

(주)메디○○, (주)메디스○○, 주식회사 엔젤스○○처럼 병원을 주로 거래하는 아웃소싱 회사는 상호만 봐도 병원 느낌이 납니다. 병원에는 청소, 주차, 경비와 같은 일반적인 직종도 있지만, 병원에만 있는 인력도 많습니다. 병원의 용역 직종은 일반 건물보다 다양합니다. 서울의 한 병원에서 23년 12월에 입찰에 부친 용역직 40명의 직종은 아래와 같습니다.

취사, 환자이송, 안내원, 지원인력, 장례식장 매점, 원무당직, 세탁, 외부관리, 약제보조 등

500병상 이상의 종합병원에 근무하는 미화원만 해도 50명 이상입니다. 수백 명의 인원이 다양한 신분으로 일을 합니다. 인원이 많으면 단체가 되고 조직력이 생깁니다. 종합병원에는 산업별 노동조합 사무실이 있고, 노조에 가입하고 월 회비를 내는 용역직원이 많습니다. 민주노총 공공운수 노조는 뉴스에서 자주 봅니다. 5명이 근무하는 일반 건물을 관리하는 것과 노조가 있는 종합병원을 관리하는 일은 차이가 있습니다.

노조가 없는 현장만 관리하던 사람은 노조 관리 업무에 부담을 가집니다. 단결권, 단체교섭권, 단체행동권이라는 노동삼권을 이해하고 해마다 임금 단체협상을 위한 테이블에 앉아야 합니다. 자신이 관리하는 현장에서 가끔 조합원들의 단체행동이 벌어지기도 합니다.

서울 여의도에 있는 50년 업력의 B사는 종합병원의 노조를 상대로 당당하게 사업을 해나갑니다. 최근 몇 년 사이 용인, 광명, 의정부에 대학병원이 개원했습니다. 종합병원 관리 실적이 없는 업체는 신축 종합병원의 용역입찰에 참가할 수 없습니다.

<법률>
경비지도사라면 이것은 반드시 지키세요

"시험공부용 법학개론이 아닌
실전 법률상식을 공부해야 합니다."

최저임금을 바라보는
사회적 시선

매년 반복되는 최저임금 인상은 아웃소싱 업계를 포함한 국내 경제 전반에 영향을 미치는 큰 이슈입니다. 사용자와 노동자의 입장이 대립할 수밖에 없는 주제입니다.

"최저임금 170원 올라 10,030원, 노동계 '실질적 임금 삭감'"
- 2024.07.12. <한겨레>

"경제계 '최저임금 인상 아쉬워 … 일자리 악영향 우려'"
- 2024.07.12. <조선일보>

최저임금에 관한 한겨레와 조선일보의 논조는 확연하게 다릅니다. 한겨레는 실질적인 최저임금 삭감이라고 하고 조선일보는 최저임금 인상으로 일자리 악영향이 우려된다고 합니다.

신문기사의 논조는 독자의 이해를 대변하지 않습니다. 신문사는 공공기관이 아니며 이윤을 추구하는 민간기업입니다. 광고 수입에 의존하고 광고주의 눈치를 살피는 민간기업이면서, 필요할 때는 언론의 사명과 대의명분을 내세우기도 합니다. 한겨레가 진보를 대변하고 조선일보가 보수를 대표하지 않습니다. 민간기업인 신문사는 자사의 이익을 추구할 뿐입니다.

신문사가 자율적으로 기사를 취사 선택하며 논조를 정하듯이 독자는 독자의 관점에서 기사를 읽고 판단해야 합니다.

누군가가 큰 목소리로 떠들고 있다면 그럴만한 이유가 있습니다. 신문사의 목소리를 듣기만 할 것이 아니라 왜 저렇게 떠들고 있는지 생각해 봐야 합니다. 같은 사안에 대한 과거와 현재의 기사 논조가 다르지는 않은지 살펴봅니다.

2차 베이비붐 세대(1964~1974년생)가 은퇴를 시작했습니다. 전체 인구의 18.6%를 차지하는 세대입니다. 중장년 인구가 젊은 층을 압도하는 현상이 벌어지고 있으며, 세대 간의 갈등이 더욱 심화할 것으로 예상합니다. 세대 간 갈등의 중심에는 언론이 있습니다. 필요에 따라 갈등을 조장하거나 완화합니다. 급격한 인구감소의 원인은 결혼과 육아에 대한 부담 때문입니다. 인구감소는 세대 간의 불균형과 갈등의 원인입니다. "곳간에서 인심 난다."라는 말이 있듯이 각박한 시대를 살아가는 시민들은 타인의 아픔을 돌볼 여력이 없습니다.

민감한 시대에는 언론의 역할이 더욱 부각될 수밖에 없습니다. 뉴스의 논조가 가지각색이고 가짜뉴스까지 세상을 어지럽게 만듭니다. 언론의 양면성을 감안하면서 신문과 방송을 살펴야 합니다. 1961년 5월 16일에 군인들이 방송국을 먼저 장악한 이유가 있습니다.

서비스 인력을 관리하는 아웃소싱 담당자는 최저임금 이슈와 밀접한 관계입니다. 최저임금 인상에 따른 시장의 변화에 관심을 가져야 합니다.

인건비 인상이 반가운 키오스크와 무인점포

나이를 먹을수록 인내심이 줄어들고 의심이 늘어납니다. 요즘에 줄어드는 것은 일자리이고 늘어나는 건 키오스크와 무인점포입니다. 아날로그를 경험하고 디지털의 변화를 온몸으로 겪으며 살아온 세대가 X세대입니다. 2차 베이비붐 세대(1968~1974년생)인 X세대가 은퇴를 앞두고 있습니다. X세대였던 저도 처음 보는 키오스크를 사용하려면 천천히 살펴봐야 합니다. 뒤에서 누군가 기다리고 있으면 마음이 급해지고 짜증이 밀려옵니다.

"인건비 부담 탓 키오스크 설치, 음식점서 아르바이트생 11% 사라져."
- 2024.07.31. <매일경제>

최저임금 인상이 계속되면서 키오스크, 무인점포, 서빙 로봇이 늘어납니다. 키오스크와 무인점포를 늘리려고 최저임금을 인상한 건 아닙니다.

그러나 최저임금법의 입법 취지가 무색하게 일자리가 줄어들고 무인점포가 증가합니다. 카페 사장님은 주휴수당을 아끼려고 15시간 이내의 쪼개기 아르바이트를 쓰고 있지만, 머지않아서 1대에 2천만 원 정도 하는 커피 제조 로봇을 도입할지도 모릅니다.

또 하나 줄어들고 있는 건 현금과 은행의 자동화 기기입니다. 현금을 사용하는 빈도가 눈에 띄게 감소합니다. 은행 자동화 기기가 갈수록 줄어서 현금을 찾기도 어렵고, 카드와 간편결제만 늘어나서 현금을 쓰기도 어려워진 세상입니다. 몇 달 전에 제가 사는 아파트의 기업은행 자동화 기기가 사라졌습니다.

공공기관인 기업은행까지 수익성을 이유로 자동화 점포를 철수합니다. 모바일 신용카드 또는 간편결제 앱을 사용하면 할인도 받고 편리하지만, 결코 공짜가 아닙니다. 결제사는 다양한 목적으로 고객의 개인정보를 수집하고, 알림톡과 문자로 광고를 전송합니다. 기업이 앞장서서 혜택을 제공한다면 그 이유를 생각해야 합니다. 개인정보를 제공하지 않고 알림톡 받기를 거부하는 고객도 있습니다. 은행 계좌에 접근하기 어렵거나 디지털 기기가 불편한 취약계층도 분명히 존재합니다. 정전이나 통신장애 등의 긴급상황에서도 결제가 가능한 건 현금입니다. 대가를 지불하는 사람은 다양한 결제수단을 선호합니다. 본인의 사정에 따라 현금, 카드, 계좌이체 등을 선택하면 편리합니다. 결제 방식을 다양화해서 현금 거래가 가능하도록 해야 합니다. 현금 결제를 선택할 수 있는 소비자의 권리를 포기해서는 안 됩니다.

2025년 최저시급은 10,030원입니다. 최저임금은 단순한 일자리 문제를 벗어나 국가 경제 전반에 영향을 주는 중요한 지표가 되었습니다. 최저임금법이 도입된 시기와 지금의 상황은 많이 달라졌습니다. 매년 인상되는 절대적 최저임금으로 자영업 시장의 형태가 변하면서 업주와 근로자 모두가 불편해졌습니다. 2025년 여름에 결정되는 최저임금은 기존의 방식에서 벗어난 새로운 모델을 통해서 현실적으로 정해지기를 바랍니다.

최저임금 인상이 불러온
초단기 알바

최저시급 1만 원 시대에 접어들었습니다. 모든 일에 양면성이 있듯이 최저임금 인상이 누군가에게 이익이 된다면 일부에게는 불리합니다. 단순하게 최저임금 인상으로만 끝나는 일이 아닙니다. 관련 법령을 살펴보면 최저임금 인상에 따른 여파를 짐작할 수 있습니다. 실업급여라 불리는 구직급여의 하한액은 최저임금의 80%로 연동됩니다. 2025년 구직급여 1일 하한액은 64,192원입니다. 구직급여 외에도 출산휴가 급여와 각종 보상금이나 지원금도 연동되어 인상됩니다. 최저임금 인상은 필요하지만, 인상에 따른 부작용이 만만치 않습니다.

소규모 자영업자들은 최저임금 인상에 따른 인건비 부담을 견딜만한 여력이 없습니다.

직원을 줄이고 쪼개기 아르바이트를 이용해서 주휴수당도 아껴야 합니다. 무인점포가 갈수록 늘어나고 있으며 키오스크로 주문을 받고 로봇이 조리하고 서빙도 하는 세상입니다.

"與, 최저임금 차등 적용 법안 발의"

- 2024.07.22. <조선일보>

업종의 구분이 없이 36년째 인상된 최저임금에 변화가 생길 것으로 예상합니다. 지금까지 최저임금은 지속적으로 인상되었지만, 일자리가 줄어들면서 일할 기회는 사라졌습니다. 일자리가 있어야 최저시급 인상이 효과를 발휘합니다. 최저시급이 인상되는 만큼 일할 기회가 줄어든다면 최저시급 인상을 재검토해야 합니다.

주휴수당을 지급하지 않으려는 업주들 때문에 초단기 근무를 전전하는 아르바이트생이 늘었습니다. 키오스크와 로봇으로 자동화되는 세상을 만들려고 최저임금을 인상하는 건 아닙니다. 최저임금 인상 효과가 어느 한 곳에 집중되고 있으며 다른 한 편에서는 주휴수당 폐지와 업종별 차등화를 주장합니다. 2025년의 최저임금 위원회에서는 조금 더 건설적인 방안으로 최저임금제의 어두운 그림자를 걷어낼 수 있기를 기대합니다.

1주 15시간의
의미

기성금 청구와 임금계산은 아웃소싱 관리자의 기본 업무입니다.

어려운 일은 아니지만 신중하게 처리해야 합니다. 고객사―담당자―경영지원팀 순으로 돈을 다루는 일이라서 담당자의 실수는 곧바로 민폐가 됩니다. 특이사항 없이 매월 만근으로 계산하기도 하고, 당월 근태기록에 따라 일할 계산도 합니다. 상용직, 일용직의 근태를 참고해서 기초자료를 작성하고 경영지원팀에 전달합니다.

매년 인상되는 최저임금은 해마다 쟁점이 됩니다. 소상공인과 자영업자들은 늘어나는 인건비에 사업의 어려움을 호소합니다.

"쪼개기 알바 천국"
- 2024.06.12. <매일경제>

인건비 부담을 줄이려고 주 15시간 미만으로 아르바이트생을 고용하는 자영업자가 늘고 있다는 뉴스입니다.

"소상공인 연합, 주휴수당 폐지 등도 촉구"

- 2024.06.19. <한국경제>

소상공인연합회는 '2025년도 최저임금 소상공인 입장발표' 기자회견을 열어 최저임금의 업종별 차등 적용과 주휴수당 폐지를 촉구했습니다. 주휴수당 때문에 아르바이트생의 근무시간을 줄이기도 하고 주휴수당 자체를 폐지하자는 의견도 나옵니다.

24년에 서울의 공공기관 편의시설에 아르바이트생을 배치했습니다. 직영 관리자가 아르바이트생 근태일지를 한 달에 한 번씩 보내오면 기성금과 인건비를 계산해서 처리합니다. 주당 근무시간이 15시간 이상이면 주휴수당을 지급합니다. 한 주간의 총 근무시간을 합산해서 40시간 대비 비율을 계산합니다.

아르바이트생의 근태기록

6월 출근부

일자	1	2	3	4	5	6	7	8	9	10	11	12	13	14	15	16	17	18	19	20	21	22	23	24	25	26	27	28	29	30
요일	토	일	월	화	수	목	금	토	일	월	화	수	목	금	토	일	월	화	수	목	금	토	일	월	화	수	목	금	토	일
홍길동			4	5	6	4				4	4	4	4				4	4	4	4				4	4	5	5			
주간합계		23								20							20							22						

아르바이트생 홍길동의 6월 급여는 이렇게 계산했습니다.

1주 (9,860원 * 23시간) + {주휴수당 (23/40)*8*9860} = 272,136원
2주 (9,860원 * 20시간) + {주휴수당 (20/40)*8*9860} = 236,640원
3주 (9,860원 * 20시간) + {주휴수당 (20/40)*8*9860} = 236,640원
4주 (9,860원 * 22시간) + {주휴수당 (22/40)*8*9860} = 270,164원

공공기관에서는 원만한 운영을 위해 주휴수당을 지급하고 있지만, 민간업자라면 1주에 14시간 이내로 스케줄을 조정해서 주휴수당을 지급하지 않으려고 합니다.

근로기준법
제63조의 3호

근로기준법 제63조, 근로기준법 시행규칙 제10조에 감시 또는 단속적 근로자에 관한 내용이 있으며 감시적 근로자를 아래와 같이 정의합니다.

"감시적 근로에 종사하는 자는 감시업무를 주 업무로 하며 상태적(狀態的)으로 정신적·육체적 피로가 적은 업무에 종사하는 자."

감시적 근로의 대표 직종은 경비원입니다.

경비원은 이교대나 삼교대 방식으로 근무지에서 상주합니다. 주말이나 연휴 등의 빨간 날에도 근무는 계속됩니다. 월 소정근로시간을 209시간으로 계산하는 일근직이 아닙니다.

격일제 근무자의 월 소정근로시간을 계산해 보겠습니다. 24시간 중 휴게시간 8시간(주간 2시간, 야간 6시간)이고 근로시간은 16시간입니다.

월 소정근로시간: 16시간 * 15.2(365/12/2)일 = 244시간(243.2시간)

209시간보다 근무시간도 많고, 1회 2시간의 야간근로 가산 수당도 지급해야 합니다. 근로기준법의 근로시간, 휴게와 휴일에 관한 규정을 적용하면 인건비 부담이 증가합니다.

이와 같은 인건비 부담을 줄이기 위한 근거가 근로기준법 제63조 '적용의 제외'입니다. 적용의 제외를 받으려면 고용노동부 장관의 승인을 받아야 하며, 승인에 관한 사항은 근로기준법 시행규칙 제10조에서 확인할 수 있습니다.

'지방고용노동관서의 장에게 신청서를 제출해야 하며, 지방고용노동관서의 장은 신청에 대하여 승인을 하면 서식에 맞는 적용제외 승인서를 내주어야 한다.'

다음은 2017.06.20. 〈파이낸셜뉴스〉의 감단직 관련 자료입니다.

고용노동부 감시 단속적 근로자 신청 및 승인율

고용노동부 감시단속적 근로자 신청 및 승인율 (단위:건, %)

구분	신청건수	승인건수	승인율
2011년	6576	6414	97.5%
2012년	9159	8891	97.0%
2013년	8276	8038	97.1%
2014년	8916	8673	97.2%
2015년	1만627	1만433	98.1%
2016년	1만439	1만263	98.3%
2017년	2638	2600	98.5%

*2017년은 2월
자료:고용노동부

　과거에는 승인을 받기 위해 관할 노동청의 민원실에 직접 방문했지만, 요즘은 고용노동부 민원 포털 사이트를 이용합니다. 처리기한은 10일이며 제출서류는 신청서, 경비원의 자술서 및 동의서, 근로계약서, 근무지의 휴게실 사진입니다.

　상기 서류를 온라인으로 제출하면 민원이 접수되고 담당자가 지정됩니다. 근로감독관이 서류를 검토하고 현장을 확인합니다. 휴게시설도 살펴보고 경비원과 인터뷰를 합니다. 인터뷰 내용은 간단합니다. 근로시간과 휴게시간을 잘 지켜지고 있는지, 경비업무와 연관 없는 불필요한 일을 하고 있지는 않은지 확인합니다.

해마다
1월이 되면

시설경비업 관리자의 연중행사와 같은 업무가 있습니다. 해마다 인상되는 최저임금에 따라 도급 견적서와 급여 내역서를 작성하는 일입니다. 2018년에는 역대 최고로 16.4%가 인상되어 매출액이 증가하는 효과가 있었습니다. 지금은 최저임금 1만 원 시대입니다.

해마다 인상되는 최저임금은 최저임금위원회에서 결정합니다. 최저임금법 제12조(최저임금위원회의 설치)에 근거한 위원회는 1987년에 설립되었습니다. 최저임금 결정의 법정시한은 6월 말이고 행정 절차를 고려해서 7월 중순까지 결정합니다. 다음 해 1월 1일부터 적용합니다.

최저임금에 관한 새로운 뉴스가 등장했습니다.

"특고·플랫폼노동자들 '건당 최저임금' 제안, 해당 직종 당사자들이 '건당' 최저임금 체계 결정 방식을 제시했다."
- 2024.05.28. <한겨레신문>

지금까지는 최저임금의 인상률을 정하려고 사용자 위원과 근로자위원의 의견이 대립했었습니다. 갈수록 늘어나는 특수고용 노동자와 플랫폼 노동자의 임금은 단순한 시간급으로 계산하기 어려운 점이 있습니다. 최저임금 관련한 올해의 이슈는 직종별 최저임금과 건당 최저임금입니다.

연도별 최저임금: 최저임금위원회

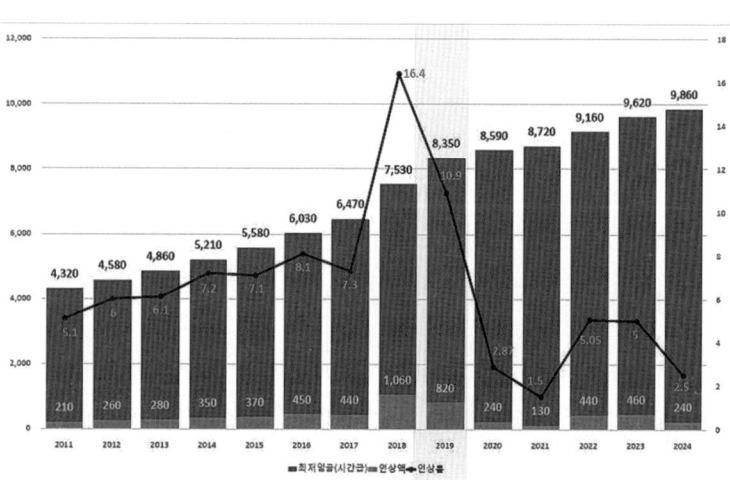

아웃소싱 현장에는 해마다 엑스트라가 등장합니다. 1월 10일에 입금된 급여를 확인한 후에 본사에 전화해서 따지는 현장 근로자입니다.

1월 10일에 입금된 급여는 지난해 12월 귀속 급여입니다. 인상된 최저임금이 반영된 급여가 아닙니다. 그런 사정은 살피지 않은 현장근로자가 담당자한테 전화해서 언성을 높입니다.

"최저임금이 5% 올랐는데 왜 내 급여는 그대로입니까?"

질문을 받았으면 답변을 해야 합니다.

답변 1) "1월 10일에 입금된 건 12월 급여입니다. 제대로 확인해 보고 전화하세요!"
답변 2) "네, 최저임금 5% 인상된 거 맞습니다. 1월부터 적용이니까 2월 10일에 확인해 주세요."

1번처럼 답변하고 싶을 때가 있지만 현장에서 고생하는 직원들을 생각해서 친절한 목소리로 2번처럼 응답해야 합니다.

산재신청은 자유, 판단은 공단이 한다

시설경비업체의 주요 업무를 요약하면 이렇습니다.

1) 서비스 제공
2) 대금 청구
3) 급여 및 비용 정산

현장 직원이 서비스를 제공하면 고객사로부터 기성금을 받습니다. 기성금으로 급여를 지급하고, 나머지 비용으로 회사를 운영합니다. 매달 반복되는 일이지만 가끔 산업재해같이 반갑지 않은 일이 생깁니다.

회사의 사장이라면 누구나 기존 거래처는 최소 비용으로 관리하면서 신규 수주 활동에 관심을 쏟습니다.

이미 잡은 물고기한테는 최소한의 먹이만 주고, 먹음직한 미끼는 낚싯바늘에 쓰려고 합니다. 현장에서 사고가 발생하면 담당자는 본의 아니게 죄인이 됩니다. 사고를 수습하려면 시간과 비용이 들어갑니다. 이미 잡은 물고기한테 돈을 쓰는 셈입니다.

산재 발생 시 본사 담당자는 다음과 같은 일을 합니다.
1) 사고 경위를 파악합니다. 재해자와 목격자의 진술을 기록하고 자료를 확보합니다.
2) 사고 경위를 포함한 사고보고서를 작성하고, 고객사에 사고 사실을 알립니다.
3) 재해자를 위로하고 격려하는 것도 담당자의 몫입니다.
4) 재해자의 요양으로 근무 공백이 생기지 않도록 스케줄을 조정합니다.
5) 재해자가 산재 요양 신청을 하면 근로복지공단 담당자한테 보험가입자 의견서와 관련 서류를 제출합니다.
6) 요양 정도에 따라 산업재해 조사표를 작성해서 관할 고용노동부에 제출합니다.
7) 사고 경위를 다시 한번 살펴보고 사고 예방을 위한 대책을 마련합니다.

산재보험료는 회사가 내지만 산재 요양 신청은 재해자가 판단하고 결정합니다. 근로복지공단은 요양신청서를 접수하면 절차대로 검토한 후에 승인, 불승인을 판단합니다. 회사는 사고보고서 작성 및 근무 스케줄 조정 등의 사고 수습에만 집중합니다. 산재가 발생하면 본사 담당자는 즉시 죄인 MODE로 전환해야 합니다. 다른 일을 제쳐두고 사고수습 하는 것도 벅찬 일인데, 경영지원팀장이나 사장한테 사고 경위와 대책을 보고할 때 죄인 MODE를 유지하려면 피로가 쌓입니다. 'BAD NEWS'를 전달하는 자의 숙명입니다.

고용노동부의 근로감독관은 특별 사법경찰관이지만 근로복지공단의 보상 담당자는 보험회사직원과 같습니다.『보험회사가 당신에게 알려주지 않는 진실』김미숙 지음, 엘도라도을 쓴 김미숙은 이렇게 말했습니다.

"소액의 보험금은 청구 즉시 지급하여 가입자의 환심을 사지만 막상 고액 보험금을 지급할 일이 생기면 보험사는 악마로 돌변한다."

산재나 민간보험이나 마찬가지입니다. 가입자로부터 꼬박꼬박 받은 현금을 거액의 보험료로 선뜻 지급하려는 보험사는 없습니다.

하느님이 만든
법이 있다면

경비업법과 법학개론은 경비지도사 시험과목입니다. 저는 2007년에 11월에 대방동 서울공고에서 2차 시험을 보고 나오면서 그동안 공부했던 내용을 싹 잊었습니다. 잊고 싶었습니다. 자격증이 필요해서 시험에 나오는 내용만 공부했으니 시험이 끝나면 잊게 됩니다. 원하던 자격증이 생겼으면 업무에 필요한 공부를 해야 하고, 자신이 원하는 공부를 해야 합니다. 시설경비업체의 관리자로 일하려면 경비업법 외에도 근로기준법, 산업안전보건법 등에 대한 이해가 필요합니다. 사실 누구나 법에 대한 이해와 상식이 있어야 합니다. 『법은 무죄인가』박홍규 지음, 개미고원는 97년 3월에 출간된 책입니다. 이 책의 '여는 글'에는 다음과 같은 문장이 있습니다.

"우리 사회는 무법, 부패 또는 비리가 일상화, 관행화되어 있다."

경비지도사뿐 아니라 한 사람의 시민으로서 법에 대한 배경지식이 있어야 합니다. 근로기준법, 산업안전보건법 등의 조문과 사례를 이해하는 데 도움이 됩니다. 근로감독관이나 민원인과 능숙하게 소통하는 데 필요합니다. 소통을 잘하면 상대의 마음을 얻습니다. 연애도 잘되고 영업도 가능합니다.

지금까지 학교에서 정해준 대로, 자격증 시험에 나오는 대로 공부했다면, 앞으로는 스스로 방향을 잡으면서 자율적으로 공부해야 합니다.

이럴 때 큰 도움이 되는 곳이 '국가법령정보센터'입니다.

"국가법령정보센터는 법령/조약, 행정규칙, 자치법규, 판례, 행정심판 재결례 및 법령해석 등 모든 법령정보의 검색 서비스를 제공하기 위하여 법제처에서 구축하여 서비스하고 있는 사이트이다. 2010년 1월 5일에 오픈하였다."

법령정보센터의 3단 비교 메뉴는 두꺼운 법전을 멀리하게 될 만큼 유용하게 쓰입니다. 우리말은 영어처럼 똑같이 써놓고 다르게 읽는 경우가 없습니다. 항상 같은 소리로 읽습니다. 쉽게 읽을 수 있지만, 내용을 이해하는 건 다른 문제입니다. 의사의 처방전이나 법원의 판결문은 아무리 봐도 단번에 이해하기 어렵습니다. 법은 하느님이 창조한 신성한 물건이 아닙니다. 사람이 만들어 낸 불완전한 체계라서 끊임없이 개정하고 변화합니다. 법률 제정 당시의 시대상이 반영되어 있고 완벽하지 않으며, 다른 나라의 법률을 그대로 가져왔기 때문입니다.

시대가 변하면 헌법도 개정하고 특별법을 만들어 냅니다. 사람이 만든 불완전한 법률을 사람이 해석하고 적용합니다. 정의가 살아 있는 공명정대한 판결을 기대하기 어려운 이유입니다. 일반인은 법원의 판결문을 읽고도 이해하지 못하며 듣고도 알아듣지 못합니다. 누구나 이해하기 쉽게 판결문을 써야 한다면 누구도 쉽게 판결을 하지 못할 것입니다.

법의 원리와 배경을 스스로 공부해야 합니다. 법률 입문서나 해설집, 법에 관한 에세이 등을 도서관에서 빌려보거나 중고 책을 사서 읽으면 됩니다. 아웃소싱은 제조업이나 유통업이 아닌 서비스업으로 서비스의 주체는 사람입니다. 고객사, 현장, 영업대상 등 어디서든 수많은 사람을 상대하는 아웃소싱 담당자에게 법률 지식은 필수입니다. 누구나 사람을 처음 만나면 생김새, 느낌, 말투를 보고 판단합니다. 경비지도사도 자신의 생김새, 느낌, 말투, 행동이 고객사와 경비원에게 노출된다는 사실을 명심해야 합니다. 업무에 임하는 자세와 실력도 곧 드러납니다.

현장에서 일하는 청소원이나 경비원은 산전수전 다 겪은 백전노장입니다. 겉으로는 존대하면서 날카로운 시선으로 담당자의 자질을 꿰뚫어 봅니다. 아웃소싱 담당자가 기본적인 법률 지식과 업무에 필요한 역량을 갖춰야 할 이유입니다.

입법 취지와
법률 해석

경비지도사는 경비원 채용 및 입, 퇴사와 관련해서는 근로기준법을 알아야 하고, 경비원 배치와 교육에 필요한 경비업법 조항도 숙지해야 합니다. 경비원 및 용역근로자의 산재에 관한 일을 처리하려면 산업안전에 대한 상식도 필요합니다. 휴게시설과 안전보건 교육을 위한 산업안전보건법의 근거도 중요합니다. 도급계약의 의미는 민법 664조에서 찾을 수 있습니다.

남녀고용평등과 일, 가정 양립지원에 관한 법률은 모집과 채용, 임금, 성희롱 예방 교육 등의 근거가 됩니다. 지난 2019년 근로기준법이 개정되면서 직장 내 괴롭힘 방지에 관한 조항이 포함되었습니다. 시설경비업 관리자는 근로자면서 사용자의 역할을 합니다. 경비지도사뿐만 아니라 노동의 대가로 살아가는 사람이면 누구나 알아두면 좋은 상식입니다.

경비지도사 시험에 필요한 상식을 공부해서 자격증을 취득했다면, 업무에 필요한 법률상식을 공부할 차례입니다. 시설경비업, 건물위생관리업, 근로자파견업, 주택관리업 등 유관사업의 종목이 다양해지면 알아야 할 법률상식도 많아집니다. '국가를 당사자로 하는 계약에 관한 법률', '파견근로자보호 등에 관한 법률' 등도 알아두면 유용합니다.

이러한 법률조항들을 항상 외우고 다니기는 어렵습니다. 스마트폰으로 법제처의 국가법령정보센터를 검색하면 법, 시행령, 시행규칙을 한눈에 볼 수 있습니다. 법조문을 확인할 때 편리하게 사용하는 기능입니다. 법 조항을 찾는 것으로 끝나면 좋지만, 해석과 적용 기준이 필요하다면 이야기가 달라집니다.

사람이 만든 법률은 완벽하지 않습니다. 한 줄의 법조문이 어떻게 해석이 되고 적용이 되는지 알아두어야 합니다.

'법은 한 줄인데 해석이 여러 가지다.'는 유명한 법률 격언이고 '무슨 이런 법이 다 있어!'는 법에 관한 익숙한 표현입니다. 법조문을 해석하는 데 왕도가 있는 건 아니지만 다양한 사례를 참고하면서 신중하게 접근해야 합니다. 법이 가지고 있는 태생적 배경과 법을 만든 취지를 이해해야 합니다.

24시간 격일제로 근무하는 경비원의 근무시간이 11시간이고 휴게시간이 13시간이라면 근로기준법에서 말하는 휴게시간을 합당하게 적용했다고 볼 수 없습니다. 경비원의 근무시간은 곧 비용입니다. 인건비를 낮춰서 비용을 절감하려는 의도입니다. 근로기준법 제54조(휴게)의 입법 취지를 무색하게 만드는 일이 없어야 합니다.

사업의 주체가 다른
파견과 도급

파견과 도급은 사업의 주체가 다릅니다. 도급은 원청과 하청의 양자 관계이고 파견은 파견사업주, 사용사업주, 파견근로자 간의 삼자 관계입니다. 파견근로자는 파견사업주와 근로계약을 하고 임금을 받으면서 사용사업주의 지시에 따라 일을 합니다.

근로자파견사업은 민법에 근거한 도급과 다르며 파견법에 따른 아웃소싱 분야입니다.

제가 근무했던 회사들은 청소, 경비, 시설관리, 파견을 주로 했습니다. 회사별로 매출과 인원의 차이가 있지만, 사업 분야는 비슷했습니다. 근로자파견사업의 유효기간은 3년입니다. 3년 이내 갱신허가를 신청해야 하며 그렇지 않으면 허가를 다시 받아야 합니다. 파견사업허가를 위한 제반 조건이 갖춰져 있다면, 외부의 컨설팅이 없어도 직원이 직접 허가를 신청할 수 있습니다. 파견사업 신규허가에 필요한 서류는 아래와 같습니다.

1) 근로자파견사업 신규허가신청서(지정양식)
2) 파견사업 계획서(지정양식)
3) 회사의 정관(사업의 목적)
4) 사무실의 배치도(파견사업 담당자)
5) 사무실 임대차계약서(사무실 면적)
6) 법인등기부등본(임원에 관한 사항)

상기 서류를 고용노동부 노동 포털(labor.moel.go.kr/main/main.do)에 온라인으로 접수하면 관할 지청의 담당자가 지정되고 서류를 검토한 후에 현장을 실사합니다.

항상 쟁점이 되는 불법 파견은 계약의 형태는 도급이지만 실제 운영은 파견처럼 하는 경우입니다. 도급계약은 하청업체가 주도적으로 작업해서 일을 완성합니다. 작업의 지휘명령이나 인사업무를 도급업체가 주도적으로 합니다. 파견처럼 운영한다는 말은 원청이 지휘명령을 하고 관리·감독을 한다는 말입니다. 실제 운영은 파견처럼 하지만 고용과 신분에 관해서는 도급의 기준을 적용합니다. 파견과 도급의 특징을 편리한 대로 사용하고 권리는 챙기면서 의무는 회피하는 문제가 발생합니다. 인원이 많은 대규모 사업장은 불법 파견에 관한 이슈가 종종 발생합니다.

파견사업자는 파견사업 관리책임자를 지정하고 연 2회 파견사업 보고서를 작성해서 고용노동부 관할지청에 제출해야 합니다. 파견사업은 고용노동부, 경비업은 경찰서, 건물위생관리업은 구청에서 관리합니다. 관할 관청과 해당 부처의 특성과 주무관의 업무를 이해하면 조금 더 손쉽게 대관업무를 볼 수 있습니다.

대기업에서 일하는
사무직 파견사원

2024년 2월에 대전지방조달청에서 근로자파견업체를 대상으로 입찰에 부친 사업이 있습니다. 수요기관은 과학기술정보통신부 산하기관입니다. 전국에 있는 근로자파견업체 중에서 중소기업을 참가 대상으로 했습니다. 개찰 결과 360개 업체가 참가했으므로 파견 입찰시장의 규모가 눈에 보입니다.

사무직은 근로자파견사업의 대표 분야입니다. 사용사업주의 판단에 따라 회사의 일부 업무에 파견근로자를 사용할 수 있습니다.

A전자는 3~4개의 파견사와 계약을 하고 비서 및 사무직 업무에 파견근로자를 사용합니다.

파견근로자의 계약 기간은 통상 2년(1년 + 1년)입니다. 서울, 경기지역의 각 사업장에서 파견직이 필요할 때 거래 중인 파견사에 연락해서 채용합니다.

근무지의 위치, 부서명과 업무 등의 포지션 정보를 전달받은 파견사는 정해진 기간까지 지원자를 모집해서 사용자가 면접을 볼 수 있도록 안내합니다. 기업의 공채는 갈수록 줄어들고, 경쟁도 치열합니다. 취업준비생이라면 누구나 파견직에 지원해서 경력을 쌓을 수 있습니다. 대기업인 사용사업주는 파견사원한테 복지포인트, 의료비 지원, 정기상여금 등의 복리후생을 지원합니다. 2년 간 근무한 파견사원은 다른 직장을 알아보는 동안 구직급여를 받을 수 있습니다.

3~4개 파견사를 거래하는 사용사업주는 정확한 기준을 가지고 파견근로자를 관리합니다. A전자에서 근무하는 파견직 근로자가 소속된 파견사에 따라 다른 대우를 받으면 곤란합니다. 파견사업주와 사용사업주의 근로자파견계약서와 파견대가는 동일한 기준을 적용하며, 파견근로자한테 적용되는 복리후생제도와 근태관리도 사용사업주의 방침에 따릅니다.

10년 전이나 지금이나 A전자의 파견근로자 수요는 여전합니다. 차이가 있다면 지원자가 줄어들고 있다는 점입니다. 하나의 포지션이 오픈되어 채용공고가 올라가면 약 20~30명이 지원했었는데, 요즘은 10명 내외입니다. 지속되는 저출생으로 젊은 층의 인구가 줄어들고 있습니다. 최근 100년 동안 한국 사회에 엄청난 변화가 있었고 향후 100년 간 어떤 변화가 있을지 예측하기 어렵습니다. 적재적소에 인재를 배치하는 아웃소싱 사업도 변화의 물결을 피해갈 수 없습니다.

경비지도사는
인스펙터

〈네이버 지식백과〉에서 찾은 '직장 내 괴롭힘 금지법'입니다.

"사용자나 근로자가 직장에서의 지위 또는 관계 우위를 이용해 다른 근로자에게 신체적·정신적 고통을 주는 행위 등을 금지한 근로기준법 개정안으로, 2019년 7월 16일부터 시행됐다."

몇 년 전, 제가 근무했던 회사의 콜센터 상담사가 직장 내 괴롭힘을 당했다고 신고했습니다. 민원을 접수한 근로감독관은 근로기준법 제76조를 근거로 회사에서 객관적 조사와 적절한 조치를 해야 한다고 말했습니다. 근로감독관은 근로기준법에 명시한 대로 객관적인 조사와 필요한 조치를 취한 후 정해진 기일까지 회신하라는 공문을 보내왔습니다.

담당자였던 저는 신고자와 피신고자를 만나서 각자의 진술을 듣고 객관적으로 상황을 판단해서 조사결과를 작성했습니다.

당사자들이 작성한 진술서를 첨부하고 사건 발생 경위와 조사결과를 요약해서 정해진 기일에 회신했습니다. 조사결과를 검토한 감독관은 직장 내 괴롭힘이 발생한 게 맞는지 확인하려고 했습니다.

직장 내 괴롭힘 발생 사실이 확인되면 바로 행위자를 징계, 근무 장소 변경 등의 필요한 조치를 해야 합니다. 행위자를 징계하는 일은 용역회사에서 자체적으로 처리할 수 있지만 근무 장소 변경 등은 단독으로 결정할 수 없습니다.

직장 내 괴롭힘이 발생하면 사업주는 객관적인 조사를 해서 사실이 확인되면 법에서 정한 절차대로 처리해야 합니다. 근로감독관이 직접 조사하고 판단하는 사안이 아닙니다. 직장 내 괴롭힘이 아니라고 판단된다면 근로감독관이 이해할 만한 근거와 자료를 포함해서 조사결과를 회신해야 합니다. 근로감독관은 사업주의 조사결과를 참고해서 민원인과 소통하기 때문입니다. 민원 내용과 조사결과가 다르다면 재조사를 요구하기도 합니다.

제가 조사했던 콜센터 사건은 당사자 간의 의사소통에 오해가 있어서 비롯된 일이었습니다. 피신고자가 도의적 책임을 인정하는 진술서를 2차례 작성하고, 신고자한테 사과하고 싶다고 했습니다. 피신고자의 진술서와 의견 등의 관련 사항을 근로감독관한테 회신하고 일단락되었습니다.

동네북 신세를
면하기 어려운

시설경비업 담당자의 주요 업무는 최저임금 변동에 따른 도급 견적서와 산출 내역서를 작성하는 일입니다. 해마다 여름이면 최저임금 위원회에서 노사 합의를 거쳐 최저임금 인상률을 결정하고 인상된 최저임금은 다음 해 1월 1일부터 적용됩니다. 올해도 변함없이 최저임금 위원회가 열리고 내년도부터 적용할 최저임금을 결정합니다.

최저임금 관련 뉴스가 매일경제 1면에 실렸습니다.

"한국처럼 국가 단일 최저임금만 적용하는 나라는 거의 없고 대부분 업종별이나 연령별, 지역별로 구분 적용한다."
- 2024.06.12. <매일경제>

1면에 이어 3면 전체에서 최저임금 차등 적용에 대한 당위성을 설명합니다. 경제신문에서 대대적으로 다루는 만큼 최저임금 차등 적용 가능성은 어느 때보다 커졌습니다.

최저임금이 차등 적용된다면 새로운 기준이 자리 잡을 때까지 혼선이 생길 수밖에 없습니다.

사용자나 근로자 저마다의 유불리를 따지며 갈등이 생깁니다. 아웃소싱 본사의 거래처마다 동일한 최저임금이 적용될지 거래처의 직종마다 다르게 운영할지 아직은 알 수 없습니다. 청소원과 경비원의 최저임금에 차이가 생긴다면 시장에서는 어떤 반응을 보일지 미지수입니다.

아웃소싱 사업의 편의를 고려해서 차등 적용되는 게 아닌 만큼 본사 관리자의 업무가 늘어나는 건 확실해 보입니다. 해마다 직종별, 업종별 최저임금을 확인하고 거래처의 계약조건 및 제반 사항을 살펴서 도급계약서와 산출 내역서를 작성하게 됩니다. 흰색과 검은색 사이에 회색이 존재하듯이 최저임금의 차등 기준은 무를 자르듯 명확하게 구분하기 어렵습니다.

모두가 만족하는 정책은 없습니다. 저마다의 이해관계로 찬성과 반대를 합니다. 인력공급업에 대한 부가세 면제 이슈에 이어서 최저임금 차등 적용이 눈앞으로 다가왔습니다. 2건 모두 아웃소싱 업계에 힘을 실어주는 소식은 아닙니다. 불경기와 인력난이라는 이중고에 시달리는 아웃소싱 종사자한테 도움이 되는 소식은 언제쯤 들을 수 있을까요. 우리나라 고용시장의 큰 부분을 차지하는 아웃소싱이지만 비정규직의 온상이라는 부정적 인식에 중대 재해 이슈, 부가세 면제, 최저임금 차등 적용까지 더해져서 사업환경이 악화하고 있습니다. 사업의 확장이 아니라 유지와 존속도 벅찬 현실입니다.

<사람>

경비지도사는 늘 사람들과 함께해요

"용역 본사가 직원의 몫을 떼먹는다고 생각하고
사사건건 따지는 사람"

중장년
재취업의 대명사

아웃소싱은 비정규직의 온상이지만, 중장년&노인 일자리 사업에서 큰 비중을 차지합니다. 24년 8월에 서울시50플러스재단 서부캠퍼스에서 공항 일자리 중장년 채용설명회가 개최되었습니다. 국토교통부, 서울시50플러스재단, 고용노동부 서울 남부지청, 한국공항공사, 인천국제공항공사에서 후원했습니다.

채용설명회의 1부에서는 기내청소, 라운지 미화, 건축, 미화, 주차, 통신, 환경직을 설명했고 2부에서는 캐터링 생산, 항공기 기재관리, 지상 사무직, 특수경비원, 지상조업직을 소개했습니다. 인천공항과 김포공항의 아웃소싱 기업이 참가했습니다. 중장년&노인 일자리는 본업에서 은퇴한 재취업자를 대상으로 합니다.

재취업 포지션은 직접고용보다 간접고용, 정규직보다 계약직이 많습니다. 아웃소싱 기업의 주요 사업 부문과 일치합니다.

베이비붐 세대와 X세대라 불리던 연령층이 은퇴를 시작했습니다. 인구수 900만 명에 육박하는 사람들이 매년 재취업 시장으로 진입할 것입니다. 그중 가장 인구가 많은 건 1971년생이며, 2023년 12월 기준으로 약 92만 명에 이릅니다. 각 지자체에서는 시니어클럽을 운영하면서 다양한 일자리 사업을 하고 있으며 서울시 50플러스센터, 서울시 평생교육진흥원에서 적극적으로 중장년 프로그램을 만듭니다. 50세 전후의 현직 공무원들이 자신들의 노후와 직접 연관 있는 사업을 추진하면서 재취업 시장을 선도하는 느낌입니다.

다수의 중장년 인구를 위한 교육 프로그램과 일자리 사업은 앞으로 더욱 가속화될 것으로 예상합니다. 수요가 증가하면 예산이 늘어나면서 관련 기관이 신설됩니다. 공공기관에서는 특별한 사정이 없으면 배정된 예산을 소진하려고 합니다. 공공기관에서 예산을 집행하는데 필요한 사업계획이나 검토자료를 제공하며 사업을 수주하는 아웃소싱 업체도 있고, 공공기관에서 아웃소싱 업체에 직접 자문을 구하기도 합니다. 공공기관에서 추진하는 사업을 살펴보고 파생상품이나 연관된 사업을 제안하는 영업 담당자도 있습니다.

중장년&노인 일자리 사업은 아웃소싱과 밀접합니다. 향후 20년간 쏟아져 나올 중장년 은퇴자들이 지지부진하던 아웃소싱 업계에 어떤 변화를 몰고 오는지 지켜봐야겠습니다.

시니어 전성시대의
일자리 사업

건물에서 청소원, 경비원으로 일하는 사람들은 대부분 노인입니다. 청소원, 경비원을 관리하는 담당자라면 노인들의 관심사나 생활패턴을 알아야 합니다.

기초연금만으로는 생활을 유지하기 어려운 사람들은 정부에서 추진하는 시니어 일자리 사업에 적극적으로 참여합니다.

정부에서 노인 문제에 적극적으로 대응하기 위해 시작된 노인 일자리는 2024년 기준으로 100만 개를 넘어섰습니다. 지자체별 시니어클럽의 노인 일자리 사업은 사회서비스형, 공익활동형, 시장형으로 구분합니다.

지하철 택배는 보건복지부에서 추진하는 '노인 일자리 및 사회활동 지원사업'입니다. 수도권에서 지하철 택배를 희망하는 사람은 대한노인회 서울연합회에 문의하면 됩니다. 사람이 직접 운반할 수 있는 꽃이나 휴대전화 등 소형 화물을 주로 취급합니다. 물품을 전달하고 받는 배송료의 15%는 대한노인회에 운영비로 납부하고 85%는 수당으로 가져갑니다. 월 25만 원의 정부보조금이 나오는 지하철 택배는 시장형 일자리에 해당합니다.

공익형 노인 일자리는 스쿨존 안전관리지도입니다. 학교 근처의 건널목에서 노란 깃발을 들고 학생들이 안전하게 등교할 수 있도록 안내하는 역할로 근무시간은 오전 7시부터 10시까지입니다. 하루 3시간 활동하고, 한 달에 10일 만 일할 수 있어서 월수입은 29만 원에 불과하지만, 기초연금을 받으며 공익형 일자리 수입으로 생활을 유지하는 노인들이 많습니다.

지하철역에서 승강기 이용을 보조하는 시니어승강기안전단은 사회서비스형 노인 일자리입니다. 안전모와 노란 조끼를 착용하는 시니어승강기안전단은 교통약자들의 승강기 이용을 도와주고 운행 시 이상 여부를 확인합니다. 플랫폼에서 지하철을 이용하는 승객들을 살펴보고 필요하면 역무원을 호출하거나 초동 조치합니다. 베이비붐 세대의 은퇴가 본격화되면서 신중년이라는 개념이 퍼졌습니다. 단순한 공익형 노인 일자리와 차별화하고 신중년의 경력을 활용할 수 있는 일자리를 만들기 위해 시작된 사업이 2019년에 도입된 사회서비스형 일자리입니다.

시니어 일자리는 여러 사람에게 기회를 주기 위해 풀타임보다 파트타임을 선호하므로 구직정보를 남보다 빨리 접하는 게 중요합니다. 보건복

지부가 주관하는 노인 일자리 사업은 노인복지관, 대한노인회, 시니어클럽, 종합사회복지관 등에서 수행합니다. 일자리를 찾는 시니어들은 이곳을 직접 방문하거나 관련 사이트를 통해서 일자리 정보를 얻습니다.

회삿돈으로
사람의 마음을 얻는 법

경비, 청소, 주차원을 관리하는 현장담당자는 여러 사람을 만나면서 적절한 관계를 유지합니다. 현장 직원을 격려하고자 드링크를 선물합니다. 저는 20병을 구매해서 10병만 전달하고 남은 1박스는 차에 보관해두고 외근 때마다 개별적으로 사용합니다.

현장의 미화원한테 음료 한 병을 전달하면서 이렇게 말합니다.

"여사님, 수고하시는데 이거 한 병 드세요, 여사님 드시라고 가지고 왔어요."

이렇게 10명의 직원한테 인사를 한다면 기대 이상의 효과가 있습니다. 드링크 한 병을 받았다고 모두가 고맙다고 보답을 하는 건 아닙니다. 받기만 하는 사람도 있고, 받은 만큼만 주는 사람이 대부분입니다. 때로는 받은 것보다 더 많은 답례를 하는 사람을 만납니다.

청소원, 경비원은 고소득 전문직이 아닙니다. 전성기에는 이름을 날렸지만 은퇴하고 현장에서 일하는 사람은 사회적 약자에 가깝습니다. 고령의 몸으로 최저임금을 받으며 비정규직으로 일한다는 자격지심을 가지기도 합니다. 그런 사람들한테 먼저 인사하면서 드링크 한 병을 건네면 기대 이상의 보답이 돌아옵니다.

음료 비용은 회사에서 부담하지만 효과는 자신에게 돌아옵니다.

직원 격려용으로 사용했으니 회삿돈을 유용한 것은 아닙니다. 받은 다음에 돌려주는 건 당연한 인사이지만 선심을 쓰는 건 아무나 할 수 없습니다. 손해를 감수할 각오가 있어야 합니다. 상대가 요구한 게 아닌데 먼저 준다면 상대가 답례를 안 해도 별수 없습니다. 음료 한 병을 건네다 보면 모든 사람이 받기만 하지는 않습니다. 10명의 청소원한테 한 병씩 선물한다면 그중 1명은 기대 이상의 반응을 보입니다. 기대 이상의 보답은 유형, 무형을 가리지 않습니다. 9명이 받기만 하고 인사를 하지 않을 수 있지만, 1명이 10배 이상의 보답을 합니다.

직원 교육용, 고객사 인사용으로 음료를 구매할 때 1박스를 더 사서 차에다 보관해 두고 현장에서 수고하시는 여사님, 반장님한테 1병씩 드리면 좋습니다. 영업은 단순한 판매(SALES)가 아닙니다. 사람의 마음을 얻는 것입니다. 따뜻한 인사와 드링크 1병으로도 현장 직원의 마음을 얻습니다.

서비스 현장에서
경위서 쓰기

〈네이버 지식백과〉에서 경위서를 검색했습니다.

"경위서란 어떤 일, 사건·사고가 발생했을 때 그 시작에서부터 끝까지 일이 벌어진 경위를 작성한 문서이다."

서비스 직원을 관리하는 본사 담당자는 업무 현안에 따라 경위서를 쓰게 하거나 자신이 경위서를 작성하기도 합니다.

경위서를 쓰는 게 유쾌한 일은 아니지만 무조건 잘못했다고 쓰는 반성문은 아닙니다.

서울의 한 쇼핑몰에 미화원 8명이 근무했습니다. 야간 조 2명, 주간 조 6명입니다. 1일 1식을 제공하고 급여는 최저임금입니다. 일과는 출근 후 청소 1회, 퇴근 전 청소 1회로 구분합니다. 출근 직후는 집중청소, 퇴근 전에는 점검청소를 합니다.

쇼핑몰 고객의 민원 때문에 고객사 담당자가 미화원의 경위서를 요구했습니다. 민원인의 말을 들었으니 상대방의 입장도 확인해 봐야 합니다. 상호 간의 주장에 일치하는 부분이 있다면 제삼자가 민원을 중재하고 마무리할 수 있도록 경위서를 작성해서 제출합니다.

경위서 샘플

경 위 서

성 명 :
생년월일 :
소 속 :

상기 본인은 0000 000의 미화 담당자로 0000 년 0 월 00 일 오후 0시경 000 근처의 화장실을 청소를 하던 중 화장실을 이용하던 이용객과 쓰레기 처리에 관해 언쟁을 벌인 사실이 있습니다. 안쪽에 있는 쓰레기통이 불편하다고 말하는 이용객을 보고 답답한 심정에서 그랬는데, 한편으로는 이용객의 입장을 이해하려는 자세가 부족했습니다. 앞으로는 근무 중에 고객의 입장을 더욱 배려하며 불필요한 언행을 자제하겠습니다. 본인의 부적절한 처신으로 고객과 회사에 불편을 드린 점을 인정하고, 이로 인한 회사의 조치가 있을 경우 이의 없이 받아들이겠습니다.

이에 경위서를 제출합니다.

0000 년 0 월 0 일

작 성 자 :   (서 명)

(주)00000 귀중

얼마 전에 현장의 미화원이 작성한 경위서입니다. 경위서 작성에 정답은 없으며 사건의 배경과 작성 목적에 따라 적절하게 씁니다. PC로 작성하고 않고 전체 내용을 직접 손으로 써서 작성자의 진심을 전달합니다. 미화원이 방금 청소하고 나온 화장실도 순식간에 더러워집니다. 사람이 많은 쇼핑몰은 더욱 그렇습니다. 상대의 처지를 이해하고 자신의 태도를 되돌아보는 자세만 보여줘도 충분히 처리할 수 있는 민원이었습니다.

사람을 대하는 방식,
상호 간의 예의

아웃소싱의 본질은 고객이 원하는 서비스 제공입니다. 서비스할 인재를 채용하는 일은 중요한 일과입니다. 관리 인원이 많은 곳은 관리소장이 현장에서 면접을 보지만, 작은 현장은 본사 관리자가 직접 보기도 합니다. 면접 장소는 본사 또는 현장으로 상황에 따라 달라집니다. 회사를 찾아온 면접자는 정중하게 대우해야 합니다. 상대를 존중하는 일은 자신을 존중하는 것과 같습니다.

면접 시 지켜야 할 사항을 정리했습니다.
1) 면접관은 자신을 소개하며 신분을 밝혀야 합니다. 명함을 전달하면 좋습니다.
2) 지원자한테 음료를 대접할 때는 쟁반을 이용합니다.
3) 친절하고 편안한 분위기에서 면접을 진행합니다.
4) 합격 또는 불합격을 암시하는 말을 함부로 하지 않습니다.
5) 면접관의 질문이 끝나면 지원자가 질문할 기회를 줍니다.
6) 면접 결과를 반드시 통보해 줍니다. 정해진 날짜에 직접 통보하는 방식 또는 합격자한테는 언제까지 통보한다는 간접적인 방식도 무방합니다.

저도 회사를 몇 번 옮기면서 면접을 여러 번 봤습니다. 예전에 수원의 주택관리업체에서 면접을 보고 나오면서 봉투를 하나 받았습니다. 면접에 참여한 대가로 주는 교통비였으며 현금 2만 원이었습니다. 면접비를 주는 회사보다 안 주는 회사가 더 많았습니다. 서울의 중견기업에서도 받아보지 못한 면접비를 수원의 중소업체에서 받았습니다. 오래 전 받았던 면접비가 아직도 기억이 납니다.

면접비가 없어도 기본적인 사항을 몇 가지만 잘 지키면 좋은 인상을 남깁니다. 제가 구직자였을 때 또는 함께 근무하는 직원이 면접을 진행할 때 쟁반 없이 음료를 서빙하는 경우를 여러 번 봤습니다. 누군가를 대접하려면 격식을 갖춰야 합니다. 전에 일했던 회사의 탕비실에 쟁반이 없어서 경영지원팀장한테 얘기했습니다.

"팀장님, 탕비실에 쟁반이 없네요, 면접 볼 때 쟁반이 필요합니다."
저보다 한 살 많은 지원팀장이 이렇게 말했습니다.
"쟁반은 무슨 쟁반이요, 그거 없으면 어때요."

사장의 말만 잘 들으면서 직원의 말은 흘려듣는 지원팀장의 태도가 아쉬웠습니다. 할 수 없이 제 서랍에 작은 쟁반을 따로 보관해 두고 사용했습니다. 격식에 맞게 사람을 대하는 일이 자신을 높이는 길입니다.

서비스업의 핵심은
적재적소 인재채용

　서비스를 제공할 인재를 채용하는 일이 아웃소싱의 핵심입니다. 아웃소싱 회사는 잡코○○, 사람○ 같은 채용사이트의 큰 고객입니다. 어떤 직종이든 인력을 수급할 자신이 있다면 사업에 승산이 있습니다. 청소원, 경비원은 고용24(워크넷)를 이용하고 상황에 따라 잡코○○, 알바○에 공고를 올립니다. 채용공고를 등록하면 최초 2일 이내에 판가름 납니다. 공고의 조회 수에 비해서 지원자가 없을 때가 있습니다. 급여, 근무시간, 복리후생 등이 부족한 포지션이 그렇습니다. 워크넷에 지원자가 부족하다면 대한노인회 취업정보센터에 연락합니다.

　잡코○○, 알바○에 회원으로 기업회원으로 가입하면, 담당자가 지정되어 이름과 연락처가 표시됩니다. 기업회원 담당자의 서비스를 적극적으로 이용해야 합니다. 전화로 패키지 상품을 문의하거나 업무에 필요한 소통을 한다면 담당자의 도움을 받습니다. 채용업무에 자신 있는 업체라면 호텔&리조트를 공략합니다.

호텔&리조트는 아웃소싱 수요가 보장된 대형 시장입니다. 일반 건물에 있는 직종에 호텔만의 특수성이 더해져서 다양한 업무를 아웃소싱하기 때문입니다.

채용을 하다 보면 구직자의 목소리만 들어봐도 판단이 됩니다. 전화를 받는 태도가 서류전형 결과를 좌우합니다. 지원자가 부족해서 애를 먹고 있다면 구직자를 잘 설득해서 일단 면접을 진행해야 합니다. 현장직원을 채용할 때 고객사의 검토가 필요하다면, 지원자가 충분하다고 할 필요는 없습니다. 조건에 맞는 적임자 1~2명과 들러리 1~2명으로 구성해야 합니다. 고객사 담당자한테 지원자가 많다고 얘기하면 업무가 지연됩니다. 결혼할 때 아내의 웨딩드레스 투어를 보면서 느낀 점도 같습니다. 드레스의 종류는 많았지만, 인기 있는 디자인은 1~2벌뿐이고 다른 드레스는 들러리에 불과했습니다. 답은 이미 정해져 있었습니다.

오랜 노력 끝에 구인에 성공하더라도 해당 채용공고는 조금 더 유지하는 게 좋습니다. 여러 곳의 채용에 동시 지원하는 구직자가 많기 때문입니다. 일단 합격한 이후에 더 좋은 조건에 취업이 결정되면 쉽게 이직을 합니다. 인기 없는 포지션 때문에 채용에 애를 먹고 있다면 소극적인 지원자 1명이라도 면접을 진행합니다. 인력 수급이 지지부진할 때는 담당자의 구인노력을 어필해야 하면서 채용관리 히스토리를 기록해 둡니다. 고객사 담당자와 본사 임원한테 보고할 때 필요합니다. 구직자하고 통화할 때는 적극적으로 설명하면서 사무실의 동료직원들한테 자신의 구인노력을 보여주는 게 좋습니다.

고객사 담당자를
유형별로 정리한다면

경비 현장을 관리하는 담당자의 역할은 무엇일까요? 현장의 직원들이 서비스를 제공하면 기성금을 청구해서 급여만 지급하면 되는 걸까요? 도급계약은 기간의 정함이 있습니다. 계약 기간에 따라 관리업체가 변경되어 새로운 회사가 선정된다 해도 현장 직원이 그대로 고용하는 경우가 많습니다. 용역근로자 보호 지침도 지키고 안정된 서비스를 위해 인력을 유지합니다. 기본적인 근무조건이 보장되는 곳이라면 현장 직원의 입퇴사가 수시로 발생하지는 않습니다.

현장 직원의 입퇴사도 없고 고객사 담당자도 까다롭지 않다면 매월 기성금을 청구하고 급여 등의 비용만 정산하면 됩니다. 관리업무에 특별한 이슈가 없다고 해도 관리담당자는 자신의 역할과 실적을 분명히 만들어야 합니다. 관리소장이나 고객사 담당자의 특징과 배경을 파악하는 일은 관리담당자의 주요 업무입니다.

현장별 담당자의 특징을 다음과 같이 구분합니다.

1) 고객사 담당자가 다른 업무로 바빠서 용역관리에 관심이 없는 경우
2) 고객사 담당자가 용역관리에 관심이 많고 계약이행 여부를 수시로 살피는 경우
2)-가) 고객사 담당자가 자신의 업무를 성실히 하려는 목적일 때
2)-나) '갑질' 등의 구습에 익숙한 담당자가 도급사에 기대하는 것이 있을 때
2)-나)-A) 고객사 담당자가 자신이 원하는 바를 직접 밝히는 경우
2)-나)-B) 자신의 요구사항을 간접적으로 돌려서 말할 때

2)-나)-A)형이라면 요구사항을 접수하고 회사에 보고해서 처리합니다.
2)-나)-B)형의 담당자는 피곤한 타입입니다. 겉으로는 계약조건 등의 대의명분을 내세우지만, 실질적으로는 다른 걸 기대하는 사람입니다. 수시로 대화를 하면서 적당한 질문으로 상대를 떠보면서 반응을 살펴야 합니다.

고객사 담당자가 원하는 것을 제공하지 않으면, 신속하고 정확한 서비스를 제공해도 KPI(Key Performance Indicator, 핵심성과지표)와 SLA(Service Level Agreement, 서비스 수준 협정)에서 좋은 평가를 받기가 어렵습니다.

고객사 담당자가 유별나서 2)-나)형이 되는 건 아닙니다. 과거의 X세대가 현재는 중장년이 되어 고객사의 책임자가 되었습니다. X세대는 디지털 기기의 발전사를 함께했지만, 골목길에서 뛰어놀던 아날로그 향수가 있습니다. X세대가 신입이던 시절에 고참들한테 보고 배운 관행이 많습니다. 보고 배운 것을 자신이 업그레이드하는 사람도 있고, 과거보다 완화된 요구를 하는 담당자도 있습니다.

3가지 타입의
현장직원

　신규 수주한 계약이 완료되면 고객사 담당자를 먼저 만나보고 현장 근로자를 대면하게 됩니다. 신축 현장이라면 계약 T/O에 맞게 인원을 신규 채용하고, 기존 현장에서는 특별한 경우가 아니라면 기존 용역근로자를 승계합니다.

　원칙적으로 사업 개시일 전에 현장 직원을 대면해서 근로계약서를 작성해야 합니다. 모든 직원을 직접 대면하기 어려운 경우에는 전화로 근로조건을 설명하고 정해진 기일 안에 근로계약 및 입사서류를 작성하기도 합니다.

제가 경험한 현장 직원은 3가지 유형으로 구분합니다.
1) 본사 및 담당자하고 좋은 관계를 유지하려고 적극적으로 어필하는 직원
2) 본사나 담당자한테 관심이 없고 묵묵히 자기 일을 하는 직원
3) 용역 본사가 직원의 몫을 떼먹는다고 생각하고 사사건건 따지는 사람

현장마다 차이가 있지만, 유형별 비중은 30~40%로 대동소이합니다.

반장이나 소장 같은 관리자 역할은 1번 같은 인재에게 맡깁니다. 3번 유형의 직원은 고객사에도 소문이 나서 대부분 알고 있습니다. 담당자를 곤란하게 하는 직원이 있다면 새로운 업체가 선정될 때 고용 승계명단에서 제외하기도 합니다. 2번 같은 사람이 절반 이상이라면 현장 운영하는 데 특별한 어려움이 없으며, 3번 유형의 직원들이 현장을 주도한다고 판단되면 일부 인원을 정리하기도 합니다. 고객사 담당자와 관리소장한테 현장 직원에 대한 의견을 물어보고 현장관리에 참고하면 됩니다.

신규 현장에서 첫 미팅을 할 때면 고객사 담당자가 3번 유형의 A직원은 함께 근무하기 어렵다고 얘기할 때가 있습니다. 이런 경우 용역사 담당자가 A직원과 대면한 자리에서 이렇게 말하면 곤란합니다.

"고객사에서 당신은 승계 대상에서 제외하라고 하네요, 저희도 어쩔 수가 없어요."
이런 말을 들은 A직원은 고객사 사무실로 찾아가 소란을 피우기도 합니다.

A직원을 승계 대상에서 제외한다면 그 이유와 명분은 용역사에서 찾아야 합니다. A직원과 용역사와의 양자 관계로 끝냅니다.

서비스업의 핵심 키워드는 채용과 모집

　법학개론과 경비업법을 공부해서 자격증을 취득한 경비지도사는 일정 수준 이상의 문해력이 검증된 인재입니다. 경비업체 본사에서 근무하려면 근로기준법, 산업안전보건법 등의 관련 법령도 숙지해야 합니다. 무미건조한 법조문을 그냥 읽으면 재미가 없습니다. 관심과 의지가 있을 때마다 수시로 접하면서 법조문에 익숙해져야 합니다.

　경비지도사는 근로자이기도 하지만 경비원을 채용, 교육, 관리하는 사용자의 역할도 합니다. 인력을 관리하려면 업무에 필요한 상식과 역량을 갖춰야 합니다. 채용공고문 작성, 전화 인터뷰와 면접, 근로계약 및 입사서류를 준비하는 일은 능숙하게 해야 합니다.

　저는 도급계약서, 근로계약서 같은 문서를 작성한 후에는 꼭 오탈자를 찾아내고야 말겠다는 심정으로 다시 한번 문서를 살펴봅니다.

　인터넷 채용사이트에는 수많은 공고가 올라옵니다. 최소한의 내용만 기재한 공고가 있는 반면 항목을 구분해서 자세하게 안내하는 채용 공고도 많습니다. 채용공고를 올릴 때 기존공고를 불러와서 편집하더라도 전체적인 내용을 다시 살펴봐야 합니다.

구직자들은 자신이 관심 있게 본 채용공고를 저장하거나 캡처합니다. 채용 시 공고한 내용과 실제 근무조건이 다르다면 그에 따른 해명이 필요합니다. 담당자가 공고를 올릴 때는 채용 조건도 중요하지만, 공고문의 기재하는 단어 하나에도 신경을 써야 합니다.

공고문에 많이 등장하는 단어는 채용과 모집입니다.

채용: 사람을 골라서 씀
모집: 사람이나 작품, 물품 따위를 일정한 조건 아래 널리 알려 뽑아 모음

채용과 모집이 같은 말이라고 생각하면 곤란합니다. 채용은 직접 고용한다는 의미이고 모집은 그렇지 않습니다. 엄연히 다른 말을 혼용한 이후에 잘 몰랐다고 하는 건 곤란한 태도입니다. 애초부터 갈등의 원인을 만들지 말아야 합니다.

누구나 언제든지 촬영과 녹음을 할 수 있는 세상이고 스마트폰으로 손쉽게 사전을 찾아봅니다. 편리해진 세상보다 중요한 건 채용 공고를 올릴 때는 신중해야 한다는 사실입니다. 기존 채용공고를 불러와서 편

집하는 것은 편리하지만, 일을 하다 보면 실수가 있게 마련입니다. 기존의 채용공고를 불러오더라도 오탈자를 다시 한번 살펴야 하며, 자세히 살피지 못한 책임은 본인한테 있다는 걸 명심해야 합니다.

네? 유능한 경비반장이 그만둔다고요?

함께 지내던 사람이 떠나겠다고 하면 아쉬운 마음이 들기도 하고, 한편으로는 속이 시원합니다. 성실하게 일했던 경비반장도 언젠가는 떠나게 마련입니다. 유능한 인재를 놓치는 게 아쉬운 고객사 담당자는 이런 말을 하기도 합니다. "왜 그만두신대요? 급여가 적어서 그만두는 거라면, 수당을 지급해서라도 계속 일하게 해주세요."

3년 전쯤 만났던 고객사의 담당자는 그동안 열심히 일했던 경비반장이 퇴사한다는 소식에 저를 붙잡고 하소연했습니다. 경비반장의 급여를 인상해서라도 붙잡고 싶다고 했지만, 결코 좋은 방법이 아닙니다. 직원 중 누군가 그만두겠다고 얘기를 꺼냈다면 즉흥적으로 홧김에 하는 말은 아닙니다. 이미 오래전부터 마음의 준비를 하고 다른 계획을 내정한 후에 얘기를 꺼냅니다. 그런 사람을 붙잡고 계속 일을 같이 하자고 붙잡는 건 좋지 않습니다. 고객사의 요청으로 용역비와 급여를 인상해서 경비반장을 계속 근무시켜도 나중에 문제가 됩니다. 몇 달 후에 고객사의 본부장이 이런 사실을 알게 되면 분명한 이유와 근거가 있어야 하는데 그렇지 못한 경우가 많습니다. 제삼자가 납득할 만한 이유와 근거, 인사고과, 공적 조서 등의 자료가 있어야 합니다.

오랜 기간 성실하게 일한 직원이라도 그만두겠다고 얘기를 꺼냈다면 해줄 말은 한 가지 뿐입니다. "그동안 수고 많이 하셨습니다. 후임자한테 인수인계 잘 해주세요."

그만두려는 사람한테 근무조건을 개선해 주면서 붙잡는다고 해도 좋은 효과를 기대해서는 곤란합니다. 오히려 관계가 역전되기도 합니다. 사직을 철회하고 일을 하다 보면 일이 잘 안 풀릴 때가 있습니다. 그러면 이런 말이 나옵니다.

"그러게 왜, 그만두겠다는 사람을 붙잡고 그러느냐?"
"내가 이럴까 봐 그만두겠다고 한 건데, 당신 말 듣고 남아서 일하다가 이게 무슨 꼴이냐?"

그만두겠다는 사람한테는 그동안 수고했다고 인사만 하면 됩니다. 열심히 일하겠다는 사람이랑 손잡고 잘해나가야 합니다. 그만두려는 이유를 아무리 자세하게 물어봐도 표면적으로 하는 얘기는 아무 소용이 없습니다. 실질적 이유는 쉽게 이야기하지 않습니다.

직원의 입, 퇴사로 인한 인수인계 기간을 무조건 길게 하는 건 좋은 방법이 아닙니다. 인계자와 인수자가 합동 근무를 하면서 인수인계를 하는 기간은 해당 업무를 깊이 있게 파고들 수 없습니다. 인수인계 기간은 짧게 해야 합니다. 마음이 떠난 사람을 오래 붙잡아 두면 회사의 분위기만 어수선해 집니다. 가는 사람은 빨리 떠나보내고 남은 사람들과 팀워크를 다져야 합니다.

안심할 수 없는
경비원 관리

 경비원을 채용하다 보면 여러 가지 일을 겪게 됩니다. 한 번은 경비 지원자를 면접 보고 현장을 안내한 후에 고객사 담당자한테 소개하고 일을 마무리 지었는데, 다음날 07시 30분에 지원자가 문자를 보내왔습니다. "이○○입니다. 너무 죄송합니다만 경비근무를 사정상 취소해야겠습니다. 넓은 아량으로 이해 바랍니다."

 저하고 고객사 담당자한테 동시에 전송한 문자입니다. 문자를 확인한 고객사 담당자가 저한테 전화해서 해명을 요구했습니다. 이른 아침부터 반갑지 않은 문자와 전화로 짜증이 밀려왔지만, 차라리 다행이라고 생각했습니다. 출근 예정일은 일주일 정도 여유가 있었기 때문입니다.

 올해 2월 29일 21시 05분에 받은 문자가 생각났습니다.
 "죄송합니다. 출근 안 합니다. 실망시켜 죄송합니다."
 3월 1일부터 출근하기로 한 경비원이 전날 밤에 문자를 보내서 입사를 포기한다고 했습니다. 다른 인원을 준비할 시간도 주지 않는 일방적인 처사였습니다.

전날 밤에 미리 연락해 줘서 다행이라고 생각하고 후임자를 찾았습니다. 접수된 지원자를 다시 수소문해서 3명을 면접 본 후에 1명을 채용했습니다. 한 번 틀어진 일정은 신속하게 마무리해야 고객사의 신뢰를 유지합니다. 지원자 1명은 1시간 일찍 도착했고 1명은 정시에 왔으며, 다른 한 명은 20분 지각했습니다. 시간 관계상 동시 면접을 하려고 했으나 자연스럽게 개별 면접이 되었고 가장 먼저 도착한 사람으로 결정했습니다.

경비원을 채용할 때는 지원자한테 전화로 기본적인 내용을 설명하면서 목소리와 태도를 살펴봅니다. 지원 의사가 있다면 면접 안내 문자를 보냅니다. 문자로 안내하면 알아서 제시간에 도착하는 사람이 있지만, 대중교통과 지하철 출구, 버스 정류장 등을 구체적으로 문의하는 지원자도 있습니다. 채용 조건과 면접 장소를 상세하게 안내했는데 아무런 연락도 없이 불참하는 사람도 있습니다.

60세 이상의 경비 지원자는 나이로 판단하기보다 몸의 상태를 살펴야 합니다. 나이에 비해 유난히 기력이 약해 보이는 사람이 있고, 고령이지만 언행이 단정하고 눈빛이 살아 있는 지원자도 상당수입니다.

정상적인 보행이 가능하고 듣고 말하기에 지장이 없는지 면접 과정에서 확인해야 합니다.

출근예정자가 출근일 직전에 입사를 취소하고, 근무 개시 후 며칠 만에 타사로 이직하는 경우가 종종 생깁니다. 비슷한 포지션의 채용에 중복으로 지원하는 경우가 대부분이기 때문입니다.

52년생
경비원 채용

은퇴한 남자의 재취업 1순위는 경비원입니다. 50대에 은퇴하고 창업 또는 재취업을 준비하다가 60대 초반에 경비직에 입문하는 경우가 많습니다. 경비원으로 취업하기도 갈수록 치열해집니다. 무인점포와 키오스크는 보편화 되었으며 조리와 서빙을 담당하는 로봇이 늘어납니다. 경비업계도 무인 자동화를 피해 갈 수 없습니다. 갈수록 늘어나는 인건비 부담으로 경비 인력을 줄이고 센서와 감지기 등의 장비를 도입하는 시스템 경비가 증가했습니다. 경비원 일자리는 줄어드는데 2차 베이비붐 세대(X세대, 1968~1974년) 가 은퇴합니다. 고물가에 불경기로 자영업에 도전하는 사람이 줄어들고, 재취업에 지원하는 사람은 늘어날 것으로 보입니다.

경비원으로 취업을 희망한다면 60세 직후에 시작해야 10년 이상 롱런합니다.

60대 후반에 경비직에 도전한다면 나이와 경력이 핸디캡이 되어 취업이 어렵습니다. 현직 경비원의 주 연령층이 50년대 중후반 출생자에서 60년대 초반 출생자로 이동하는 중입니다. 50년대 초반 출생자들의 근무 의욕은 충분하지만, 지원자가 여럿이라면 서류전형에서 탈락하는 일이 빈번합니다.

얼마 전 서울의 경비 현장에 52년생 경비원을 채용했습니다. 적지 않은 나이지만 잘할 것으로 기대하고 현장에 배치했는데 고객사의 반응이 부정적이었습니다. 채용 및 인사권은 경비회사에 있지만, 고객사의 의견을 무시하면서 일하기는 어렵습니다. 60세 이상의 지원자를 면접할 때는 충분히 대화하면서 말투와 표정을 살펴보고 인지능력을 판단합니다. 정상적인 보행을 힘들어하는 지원자가 간혹 있습니다. 근무 중 순찰을 위해서라도 경비원으로 일하려면 보행에 문제가 없어야 합니다.

"장관은 '문제 인사' 차관은 '용산 출신'… 집권 3년 차도 '민심 역행' 노동장관 후보에 '반노동' 김문수"

- 2024.08.02. <한겨레>

김문수 고용노동부 장관은 2024년에 장관 후보로 지명되었습니다. 3선 의원에 재선 경기도지사를 지낸 김 위원장을 장관 후보자로 지명하자 한겨레에서 발행한 기사입니다. 민심에 역행하는 조치라고 목소리를 높였습니다. 김문수 장관은 후보지명 당시 만 72세였습니다. 경비원으로 취업하기에도 많은 나이에 후보자로 지명되었습니다.

미운 정 고운 정
함께한 관리소장

아웃소싱에서 일하는 경비지도사라면 크고 작은 현장을 관리하면서 수많은 관리소장을 만납니다. 관리소장은 현장에 상주하지만, 신분은 아웃소싱 소속입니다. 관리소장은 고객사 담당자와 본사 관리자 사이에서 삼자 관계를 유지합니다. 단지 소속이 같다는 이유만으로 아웃소싱 본사의 입장만 대변할 수 없습니다.

관리소장도 자신을 위해서 일하는 사람입니다.

현장의 사정을 가장 잘 아는 사람은 관리소장이며, 본사 관리자가 현장을 파악하는 데는 한계가 분명합니다. 본사 담당자가 현장관리 경력을 쌓으면서 역량을 키우려면 현장 파악이 필수입니다. 소속은 같지만 처지가 다른 관리소장은 자신만의 세계를 구축하고, 본사 관리자하고는 꼭 필요한 정보만 공유합니다. 고객사 담당자나 본사 관리자가 관리소장의 신분을 완전히 보장하지는 못하지만 원만한 관계를 유지하는 건 필수입니다. 도급계약 기간이 끝날 때쯤이면 현재 도급사하고 관계를 정리하고 새로운 회사하고 손발을 맞출 준비를 합니다.

   관리소장은 고객사 담당자와 본사 관리자 사이에서 삼각관계를 형성하며, 본사 관리자도 고객사 담당자와 관리소장의 입장을 고려하면서 일합니다. 고객사 담당자의 절대적 신임을 받는 일부 관리소장은 과도한 의욕으로 전횡을 일삼고 인사 및 비용관리에서 문제를 일으킵니다. 이런 경우 본사 관리자는 비리에 관한 제보를 받거나, 서서히 드러나는 조짐을 감지하기도 합니다. 제보나 조짐이 사실로 확인되면 관리소장을 교체하는 것으로 수습할 수 있는지 아니면 다른 대책을 마련해야 하는지 판단합니다.

   관리소장을 교체하는 것으로 수습이 가능하면, 현장담당자는 경우의 수를 생각해야 합니다. 관리소장의 과실이 명백한 경우라도 소장의 감정과 체면을 고려하지 않을 수 없습니다. 권투선수의 펀치가 상대에게 적중하면 손으로 전해지는 충격도 묵직합니다. 권투글러브는 때리는 자와 맞는 자를 모두 보호하는 역할을 합니다. 상대를 압박하려면 반작용을 감수해야 합니다. 업무상 필요 때문에 소장을 압박해야 한다면 반격을 각오해야 하며, 반격을 수습하고 감당하는 일은 경영지원팀장이나 사업본부장이 아니라 오로지 현장담당자의 몫입니다. 발끈한 소장이 같이 죽기를 각오하고 물귀신을 쓴다면 가장 힘들어지는 건 현장담당자입니다.

상대의 잘못을 낱낱이 밝히면서 추궁한다면 감정이 격해지면서 충돌이 생깁니다. 이런 경우 직접 거론하기보다 이미 다 알고 있다는 걸 간접적으로 어필하면서 회사의 의견을 전달합니다. 눈치 빠른 관리소장이라면 자신의 불리한 상황을 인식하고 다른 이유를 내세우면서 스스로 그만두겠다는 말을 꺼내기도 합니다. 관리소장의 명백한 과실이 밝혀지고 사건이 대외적으로 확대된다면 소속회사도 관리책임에서 벗어날 수 없습니다.

산출내역서에 없는
광고 선전비

시설경비업체와 고객사가 도급계약을 체결하면 용역비 산출내역서를 첨부합니다. 급여, 연차수당, 퇴직충당금은 직접인건비이고 4대 보험의 회사부담금은 간접인건비입니다. 그 밖에 피복비, 교육비 등의 복리후생비와 소정의 관리비와 회사이윤입니다.

도급계약서와 산출내역서를 근거로 사업에 필요한 비용을 집행합니다. 인건비를 제외한 관리비용 중 대표 항목은 소모품비, 교육비, 피복비입니다. 소모품비 항목이 월 5만 원이라면 연간 60만 원 범위 내에서 소모품을 사용합니다. 현장 여건에 따라 비용을 절감하는 건 좋지만 예산을 초과하는 건 곤란합니다.

용역비 산출내역서에 없는 광고 선전비를 집행하려면 명확한 이유가 필요합니다.

회사의 사정에 따라서 채용공고를 유료로 집행할 때가 있습니다. 인력을 채용할 때 유료공고를 이용하면 회사의 수익성은 떨어지므로 자체적으로 인력을 수급해야 유리합니다. 서비스 인력을 채용하는데 필요한 유료공고 비용은 고객사에 청구하지 않고 아웃소싱 회사가 부담합니다. 관리 인원과 매출이 많은 중견기업은 연간 채용공고 수수료로 억 단위의 돈을 지불합니다.

업무개시 일자는 다가오는데 지원자가 부족하다면 무료공고에만 계속 의지할 수는 없습니다. 인재검색 포지션 제안도 하고 종이신문과 인터넷 사이트에 유료공고를 게재합니다. 잡코○○, ○○몬, ○○천국, 벼룩○○, 사람○ 등의 구인·구직 매체의 유료공고 상품은 다양합니다. 콜센터, 헤드헌팅, 파견직, 일용직은 워크넷보다(고용24) 유료 매체가 실용적입니다. 60세 이상 청소원, 경비원을 채용할 때는 워크넷을 이용합니다. 워크넷은 중장년 청소, 경비직에는 효과적이지만 임시직, 일용직, 파견직 등은 인증이 까다롭고 쓸만한 인력풀이 부족합니다. 신규 경비현장의 구인신청서를 등록하려면 도급계약서와 사업자등록증 등 관련 서류를 제출해야 합니다.

요즘 60대 이상 인구의 절반 이상이 일합니다. X세대 은퇴자가 쏟아져 나옵니다. 향후 10년간은 중장년 은퇴자가 지속적으로 증가하면서 청소, 경비로 대표되는 아웃소싱 서비스직에 지원자가 대거 몰릴 것으로 예상합니다.

아웃소싱 관리자라면 현장에 필요한 인력을 수시로 채용해서 적재적소에 배치해야 합니다. 유료 채용공고에 의지하는 관리자는 역량을 인정받기 어렵습니다. 워크넷, 직업소개소, 지인 추천, 인력 POOL 등 여러 가지 방법으로 인력을 수급하는 관리자가 주목받습니다. 업무시간에 사무실에서 구인 목적의 전화 통화를 부지런히 하면 좋습니다. 인재채용은 관리업무의 핵심입니다. 적극적으로 당당하게 통화하면서 자신의 매력을 보여야 합니다. 카톡이나 문자를 사용하는 건 적극적으로 어필하기 어렵고 개인 용무로 오해를 받습니다.

인력 수급이 어려울 때
필요한 노력 실적

청소, 경비, 주차, 시설 등 현장에서 일할 사람을 채용할 때는 워크넷에 구인신청서를 등록하면 됩니다. 급하게 인력을 채용할 때나 채용하는 포지션에 따라 지원자가 없어서 애를 먹을 때도 있습니다. 무료공고로 채용이 어렵다면 유료로 전환하면 되지만 광고비도 부담되고 즉시 채용된다는 보장도 없습니다. 본사 담당자가 인재 채용을 위한 노력도 하지 않고 유료공고 품의서를 올린다면 한 번에 결재받기 어렵습니다.

워크넷의 구인신청서 게시 후 2~3일이 지나도 인재를 구하지 못했다면 다른 방법을 찾아야 합니다. 아웃소싱의 특정 포지션에 지원자가 없다면 기존에 사용하던 워크넷 등의 무료공고로 구인하기는 어렵습니다.

시간은 흘러가는데 지원자가 없다면 유료공고를 검토하기 전에 일자리 알선 기관에 전화해서 적극적인 구인활동을 해야 합니다.

이런 전화를 할 때는 다른 직원들이 함께 있는 사무실에서 해야 효과적입니다. 경영지원팀장이나 사장님이 있을 때 더욱 큰 목소리로 간절하게 구인요청을 해야 합니다.

지자체별 시니어클럽, 중장년 내일 센터, 대한노인회 지역별 지부, 여성 인력개발센터, 제대군인지원센터, 취업 관련 자격증학원, 중장년일드림센터, 유료직업소개소, 지자체별 취업(일자리)지원센터 등에 직접 전화해서 인재 추천을 요청합니다.

앞으로 매년 쏟아져나올 중장년 세대의 재취업을 위해서 지자체마다 비슷한 성격의 일자리 지원사업을 추진합니다. 재취업 일자리의 대부분이 최저임금에 계약직인 건 어쩔 수 없는 현실이지만 구인 업체 담당자는 당당하게 인력알선을 요구합니다.

다양한 취업 알선기관에 전화해서 인력을 요청하면 실제 도움을 받기도 하고 해당 기관의 특징을 알 수 있으며, 적극적인 구인활동으로 사무실 직원들한테 어필하는 기회도 됩니다. 재직 중인 현장 직원 또는 퇴직자, 지인들한테 전화해서 채용 중인 포지션을 소개하며 큰 목소리로 인력 추천을 요청하는 것도 좋은 방법입니다. 중요한 포지션에 지원자가 없어서 애를 먹는다면 여기저기 전화를 하면서 적극적으로 인력을 찾아봐야 합니다. 다른 직원들이 들을 수 있도록 사무실에서 전화해야 더욱 효과적이며 만일 채용이 불발되더라도 구인활동 실적으로 인정받습니다.

여러 가지 자극에 견디는
단단한 내면

경비지도사는 경비원뿐 아니라 다양한 직종을 관리하며 여러 곳의 고객사 담당자를 상대합니다. 여러 사람을 상대하다 보면 별의별 사람들을 다 만나게 됩니다. 가지각색의 인간 군상에서 일하려면 스스로 중심을 잡으려는 노력이 필요합니다.

누구든지 사람을 만나면 상대가 어떤 사람인지 파악하려고 합니다.

사람의 마음은 간사합니다. 만만하고 순진한 사람인지 아니면 똑똑하고 까다로운 성격인지 판단합니다. 순하고 약한 사람이라 생각되면 관계에서 우위를 점하고 심리적으로 지배하려 듭니다.

가스라이팅은 심리적 지배의 다른 표현으로 〈네이버 지식백과〉에서 이렇게 정의합니다.
"타인의 심리나 상황을 교묘하게 조작해 그 사람이 스스로를 의심하게 만듦으로써 타인에 대한 지배력을 강화하는 행위"

상대의 성격, 배경, 특징을 금세 파악하고 의도적으로 접근하는 사람이 있습니다. 제가 어렸을 때 학교의 일진들은 공부 잘하는 아이는 안 건드렸습니다. 잘못 건드리면 선생들한테 혼나기 때문입니다. 돈이 많거나, 잘생기거나, 힘이 세거나, 유머가 있으면 같은 편으로 친구가 됩니다. 별 볼 일 없는 아이들이 왕따가 됩니다. 학교나 직장에서 누군가가 나에게 접근한다면 의도가 무엇인지 판단해야 합니다. 조건 없는 선의는 찾아보기 힘듭니다. 사람들의 권유나 요청에 대해 답변을 할 때, 상황에 따라 판단을 할 때와 같은 크고 작은 자극을 관리해야 합니다.

수많은 관계 속에서 권유, 요청, 부탁, 강요, 유혹 등은 항상 내 주변에 있으며 때로는 마약, 도박, 섹스 등의 강한 자극에 노출됩니다. 이런 자극을 현명하게 관리하고 대처하려면 끊임없이 자신을 단련하면서 내면을 단단하게 만들어야 합니다. 방법은 어렵지 않습니다. 근처의 도서관이나 서점을 찾아서 내 눈에 꽂히는 책이 무엇인지 천천히 살펴보는 일입니다.

『자극』 안상헌 지음, 쌤앤파커스에서 가져온 문장을 하나를 소개합니다.

"자극이 원인이라면 반응은 결과다. 결국, 자극을 잘 관리해서 긍정적인 반응을 이끌어 낼 때 우리의 삶은 질적으로 달라진다."

<노트>
경비지도사를 스쳐 간 생각들을 모았어요

"떡고물을 독식한 사람을
대변해 줄 사람이 없습니다."

용역은 깡패가 아닌 서비스

　한국산업인력공단 큐넷(www.q-net.or.kr)의 자격검정은 국가자격시험과 전문자격시험으로 구분합니다. 국가자격시험은 고용노동부에서 법령과 제도 운용을 총괄하고, 공단이 검정의 집행, 시험문제 출제·관리, 자격 취득자 자격증 발급 등 사후관리를 합니다. 국가전문자격시험은 각 개별법에 규정한 자격으로 공정거래위원회, 해양수산부 등 정부 부처의 필요 때문에 신설, 운영합니다. 한국산업인력공단은 17개 부처에서 37개 자격을 위탁받아 시행합니다. 경비지도사 시험은 경찰청에서 공단에 위탁해서 시행하는 국가전문자격입니다.

　시설경비 현장에서 근무하는 경비지도사의 현실은 국가전문자격이라는 말이 무색합니다. 시설경비업과 아웃소싱에 대한 두 가지 시선은 우리를 불편하게 합니다.

　하나는 비정규직을 양성하며 경비원의 인건비를 착취한다는 것이고, 다른 하나는 일명 '용깡'이라 불리는 용역깡패에 대한 사회적 인식입니다.

"경비업법 제2조 정의 1. '경비업'이라 함은 '경비업무'의 전부 또는 일부를 도급받아 행하는 영업을 말한다."

시설경비업은 도급업이라고 경비업법에서 못을 박았습니다. 도급이 아닌 시설경비업은 존재하지 않습니다. 도급의 근거는 민법에 있으며 업무를 위탁하려면 계약 기간이 필수입니다. 경비원의 근로계약은 도급계약의 범위 내에서 이뤄집니다. 시설경비업체가 경비원을 정규직으로 고용할 수 없는 이유입니다. 예를 들어 고객사에서 경비원 1인당 월 360만 원을 경비업체에 지급하는 경우 경비원의 급여가 260만 원이라면 경비업체에서 100만 원을 이윤으로 챙긴다고 생각하는 사람들이 있습니다. 월간 경비용역비와 경비원의 급여를 단순하게 비교하면서 시설경비업체가 폭리를 취한다는 주장은 요즘에도 가끔 이슈가 됩니다. 하지만 위 금액에는 부가세 10%를 비롯해, 퇴직충당금, 연차수당, 장애인고용부담금, 안전보건관리비, 4대 보험료의 회사부담금, 법정교육비, 광고선전비 등의 수많은 간접비 구성항목이 포함돼 있는데 이에 대한 설명은 생략한 채 용역비와 급여만 단순 비교하는 건 곤란합니다.

'용깡'이라는 말로 부정적인 인식이 퍼진 건 재개발이나 노사문제에 관한 언론의 보도 때문입니다. 재개발을 반대하는 주민들이 농성하는 현장에 용역경비원이 투입되어 기습적인 철거를 감행한다면 사건, 사고가 발생할 수밖에 없습니다. 재개발이나 노조 등 분규현장에 경비용역을 투입하는 사용자는 시설경비업체와 계약을 합니다. 시설경비업체는 다툼이 있는 현장의 규모에 따라 인력을 증감하므로 일부 상주직원과 '프리(free)' 경비용역으로 인원을 구성합니다. 경력자 위주의 프리팀으로도 부족한 경우 젊은 학생들을 급하게 모집하기도 합니다. 시위대를 제압하고 해산시키려고 투입된 용역경비원들은 신속하게 임무를 완수하기 위해 물리력을 행사합니다. 이런 과정이 언론에 보도되면서 용역깡패가 등장합니다.

비정규직 경비원과 용역깡패도 시설경비업의 일부입니다. 경비지도사로 현직에서 일하려면 근무 환경을 제대로 인식하고 사회적 시선을 고려해야 합니다.

혼자서 먹고 싶은
떡고물

　구매자와 판매자는 수평적인 관계가 아닙니다. 수요와 공급에 따라 관계가 역전되기도 하지만 대체로 물품이나 용역을 구매하는 사람이 갑이 되고 판매하려는 사람은 을입니다. 경비업을 비롯한 아웃소싱은 용역을 발주하는 고객사가 갑이고 사업을 수주하려는 업체가 을입니다.

　경비지도사를 포함한 현장관리자는 발주처 담당자와의 관계에서 을이지만 사업을 관리하는데 필요한 구매업무에서는 갑이 됩니다. 현장관리에 필요한 구매목록은 다음과 같습니다.

1) 점보롤, 핸드타월 등의 청소 소모품
2) 시설관리에 필요한 소모 자재
3) 연 1~2회 실시하는 외벽청소
4) 춘추복, 추동복 등의 직원 유니폼
5) 설, 추석 명절 선물 또는 기념품
6) 현장의 관리실에 필요한 컴퓨터, 책상, 냉장고 등의 집기와 비품

7) 자문을 위한 노무법인

8) ISO 인증 컨설팅

9) 안전보건관리 대행업체

10) 법정 교육 및 직무교육 대행업체

각 회사의 담당자는 물품 구매 절차를 준수합니다. 경영지원팀에서 주관하는 회사도 있고 현장관리자가 주도해서 구매하는 업체도 있습니다. 어떤 제품을 얼마에 구매하느냐를 두고 갑론을박이 벌어지기도 합니다. 현장으로 직접 배송하기도 하고 현장관리자가 직접 전달할 때도 있습니다.

떡을 만지면 떡고물이 묻듯이 업무용 물품을 구매할 때도 포인트 적립 또는 증정품, 프로모션 등의 다양한 혜택이 발생합니다. 떡고물에 관심이 없던 사람도 마음이 흔들릴 정도로 여러 가지 프로모션이 있으며 판매자가 직접 솔깃한 제안을 하기도 합니다.

회사 일을 보다가 생긴 떡고물을 남몰래 독식한다면 당시에는 달콤할 수 있지만, 나중에 밝혀지게 되면 혼자서 책임질 각오를 해야 합니다.

떡고물을 혼자서 독식한 사람을 대변해 줄 사람이 없습니다. 혼자 먹고 싶은 욕심을 버리고 주변의 동료와 함께 나눈다면 리스크도 함께 분산되어 후일에 밝혀지더라도 최소한의 명분은 찾습니다.

1) 떡고물을 멀리하면 정신건강에 좋습니다.

2) 떡고물을 받는다면 나눠 먹어야 안전합니다.

3) 떡고물을 혼자 먹으려면 독박을 각오해야 합니다.

4) 떡고물을 만들어서 해 먹다가는 개망신을 당합니다.

며칠간 지켜보다가
만드는 명함

새로 입사한 직원한테는 명함이 필요합니다. 입사하자마자 명함을 만들어주면 좋지만 조기 퇴사를 우려해서 며칠이 지난 후에 명함을 주는 곳이 있습니다.

신입 직원이 금방 그만둘까봐 걱정되어 명함 제작을 미루는 건 좋지 않습니다. 직원에 대한 신뢰가 부족해 보입니다.

처음부터 모든 걸 믿고 맡기기는 어렵지만 믿는 척이라도 해야 합니다. 명함을 만드는 데 들어간 15,000원은 직원 채용에 필요한 필수비용입니다.

명함은 전용 지갑에 보관해야 합니다. 상대와 대면했을 때 명함을 주머니에서 꺼내 주는 건 매너가 아닙니다. 구겨진 지폐를 주머니에서 꺼내 주는 것과 같습니다. 상대에 대한 배려가 부족합니다. 다이어리에 끼워둔 명함을 건네주는 건 괜찮지만, 명함 지갑에 보관하는 게 좋습니다.

비즈니스맨이라면 외근직, 내근직 상관없이 명함 지갑이 필요합니다. 명함 지갑에서 꺼낸 명함을 상대방이 보기 좋게 전달하는 매너가 필요합니다. 상대의 명함을 받았다면 이름과 직책을 기억하고 미팅이 끝난 후에 자신의 명함 지갑에 보관합니다. 상대의 면전에서 명함을 함부로 다루는 건 큰 실례입니다. 휴대폰으로 명함을 주고받기도 하고 명함 관리 어플도 있지만 명함을 직접 주고받을 때는 정중해야 합니다. 상대에게 두 손으로 전달하고 소속과 이름을 밝힙니다.

"내무부의 홍길동입니다." 자신의 직책은 생략하고 이름만 말합니다.

제가 담배를 피울 때 담배케이스는 선택사항이었습니다. 하루 이틀이면 사라지는 담배를 수시로 케이스에 보관할 필요가 없었고 담배는 편한 대로 소지하면 됩니다. 명함은 자신의 얼굴이기 때문에 명함 지갑은 필수이며 상대의 명함을 보관해야 하기에 더욱 그렇습니다. 다른 사람이 내 명함을 구기거나 훼손한다면 매우 불쾌해집니다.

전에 근무했던 회사에서는 직원이 입사해도 명함을 바로 주문하지 않았습니다. 이직률이 높아서 비용을 줄이려고 그랬지만 명함을 늦게 주문하는 게 해결책은 아닙니다. 또 다른 회사에서는 제가 출근하기 전부터 '경비지도사' 문구를 포함해서 명함을 만들어주었습니다. 저는 그 명함이 반갑지 않았지만, 내색은 하지 못했습니다. 명함 한 통을 빠르게 소진한 후에 새로 주문하는 명함에는 '경비지도사' 문구를 생략했습니다. 없어도 되는 문구는 생략하는 게 좋습니다.

왕년에 잘 나가던 경비원

　사람과 사람 사이의 관계에서 예의와 상식, 매너는 필수입니다. 사소한 태도나 언행이 불러오는 오해가 쌓이면 원만한 관계를 유지하기 어렵습니다. 시설경비업을 비롯한 아웃소싱은 사람이 주체가 되어 서비스를 제공하는 사업입니다. 고객사 담당자, 현장 근로자, 본사 담당자 간의 의사소통은 매우 중요하며 비즈니스 매너는 인간관계의 필수요소입니다.

　X세대와 MZ세대는 비즈니스 매너에 대한 이해가 다릅니다. 함부로 가르치려다가 라떼부장, 꼰대부장이 됩니다.

　진심이 어린 조언이라도 받아들이는 사람에 따라서 오해가 생기기도 합니다. 이럴 때는 직접 나서기보다 제3의 수단을 이용하면 좋습니다.

　MZ세대와 같은 사회 초년생을 대상으로 직장 적응 노하우를 교육하는 사례가 뉴스로 전해졌습니다.

"'명함은 아랫사람 먼저' 초년생에 노하우 전수 고용부·광주, 직장 적응 위해 전화 받기 등 프로그램 마련, 고용부는 지난 3월부터 전국 중소기업 임직원을 대상으로 일하기 좋은 근로 환경 조성을 위한 교육과 컨설팅 '청년 성장 프로젝트'를 하고 있다."

- 2024.06.04. <조선일보>

교육대상은 MZ세대만이 아닙니다. 중소기업의 임원을 대상으로 하는 'MZ세대의 이해와 소통법' 과정도 있습니다. 일하기 좋은 근무 환경을 만들기 위해 고용부의 프로그램을 이용하거나 교육사례를 공유하면 바람직한 기업 문화를 조성하는 데 도움이 됩니다.

청소원이나 경비원으로 일하시는 분들은 60세 이상의 고령층이 많습니다. 고객사 담당자나 용역사 직원보다 나이가 많은 경우가 대부분입니다. 젊은 시절의 전성기를 뒤로하고 최저임금을 받으며 현장에서 일한다는 이유로 자격지심을 가지기도 합니다. 상호 간의 배려와 매너가 더욱 필요한 업무가 아웃소싱 현장관리입니다.

박 과장처럼
외근을 다니다가는

현장관리자가 경비현장을 순회하고 점검하려면 외근은 필수입니다. 사이트, 현장, 사업소 등으로 불리는 거래처를 직접 방문해서 일을 봅니다. 사무실에 출근했다가 외근하고 복귀하면 하루가 금세 지나갑니다. 업무를 효율적으로 하려면 시간을 철저하게 관리해야 합니다. 나이와 직급도 다양한 직원들이 모여 있는 답답한 사무실을 벗어나면 기분이 전환됩니다. 전철로 이동할 때는 휴대폰으로 게임도 하고 업무용 차량을 운전할 때는 잠시 휴게소에 들러서 커피 한 잔의 여유를 만끽합니다. 외근의 목적을 달성하고 업무만 잘 처리하면 아무런 문제가 없습니다.

드라마 <미생>에서 박 과장(김희원)이 이용하던 사우나를 비롯한 피시방, 만화방, 당구장, 스크린골프 등은 외근 직원을 유혹하는 장소입니다.

술 먹은 다음 날 무거운 몸으로 외근을 다니면 길거리의 사우나 간판이 유독 눈에 들어옵니다. 업무 처리 시간, 나만의 점심시간, 담당자와 근무자를 면담하는 시간 등을 조금씩 끌다가 1~2시간의 꿀 같은 여유를 만들어 냅니다. 그날의 업무를 마무리하고 여유를 가지면 다행인데 그렇지 못할 때가 있습니다. 바늘도둑이 소도둑이 되듯이 주객이 전도되는 일이 벌어집니다.

서울 도심의 남산터널을 지날 때면 통행료를 아낀다며 아늑한 소월길로 핸들을 돌립니다. 남산도서관 주차장에 차를 세우고 자판기 커피를 한잔하면서 헤어진 여친과의 추억을 떠올립니다. 저는 10여 년 전에 동료직원과 외근 중에 남산자락의 매점에 앉아서 아이스크림을 먹다가 어깨에 새똥을 맞았습니다. 잠시 여유를 즐기려다 생애 최초로 새똥 테러를 당했습니다. 그래도 명분이 있는 경로선택은 애교로 봐줍니다.

문제는 외근 목적지를 아예 스킵하는 경우입니다. 오래 못 가서 탄로 나고 둘러댈 변명도 하기 어렵습니다. 목적지에 방문해서 금세 일을 처리하고 나오는 건 괜찮지만 방문 자체를 생략하면 곤란합니다. 본인과 회사에 모두 손해가 생기는 일입니다.

법인차량과 개인차량을 선택해서 쓸 수 있는 회사도 있습니다. 한쪽에 확실한 장점이 있는 건 아닙니다. 개인차량에 대한 지원이 확실하다면 개인차량이 편리합니다. 서울의 중견 경비업체 D사의 업무용 차량은 GPS로 위치 추적이 됩니다. 블랙박스에 GPS까지 장착된 법인차량은 차에서 개인적인 통화를 하기도 부담스럽고 운전경로를 선택할 때마다 고민하게 만듭니다. 법인차량의 장점도 있지만 혼자 이용하는 개인차량은 외근의 여유를 만끽하기에 적당합니다.

　미션을 완수하고 즐기는 외근의 여유는 회색빛 직장생활에 활력을 주지만 목적지를 스킵하고 사우나에 다니거나 본인의 편의로 직출이나 직퇴를 자주 하면 일에 대한 관심과 의욕이 떨어집니다. 본인과 회사, 모두를 위해서 반드시 지양해야 합니다.

역량 있는 관리자로
거듭나는 기회

'전화위복 轉禍爲福: 재앙과 근심, 걱정이 바뀌어 오히려 복이 됨'

 경비지도사를 비롯한 아웃소싱 관리자라면 근무경력이 쌓이는 만큼 그에 맞는 실력을 갖춰야 합니다. 아웃소싱을 직종에 따라 구분하면 청소, 경비, 시설, 주차, 안내, 물류, 생산, 상담, 사무, 운전 등이 있으며 시설물의 종류로 나눈다면 학교, 병원, 빌딩, 호텔, 공장, 창고, 마트, 공연장, 오피스텔, 아파트가 있습니다.

 주말이나 연휴에 더 바쁜 호텔, 마트, 병원과 평일에만 근무하는 학교, 사무실의 근무 일정이나 과업 내용은 다릅니다. "경비원 관리 많이 해봤어요?"는 직종에 초점을 맞춘 질문이고 "호텔이나 병원 관리 경험이 있나요?"는 시설물의 특성을 중요시하는 말입니다. 여러 가지 시설물에서 다양한 직종을 몇 년간 관리했다면 해당 시설과 직종을 관리하는데 필요한 경험과 노하우를 가져야 합니다.

중요한 건 오랜 기간 업무를 담당했다고 저절로 능숙해지지 않는다는 겁니다.

시설물과 직종의 유형에 따라 크고 작은 사건, 사고를 경험하고 수습해 봐야 업무를 제대로 파악할 수 있습니다. 1개 현장의 근무 인원이 100명이라도 조직이 잘 구성되고 이직률도 적은 현장이라면, 1년 동안 매달 청구서만 작성하면 될 정도로 편하게 관리합니다.

사건·사고 없이 편해서 좋을 수도 있지만, 해당 현장의 업무에 대해 알 기회가 적어지므로 꼭 바람직한 것은 아닙니다. 문제없이 잘 돌아가는 현장에 가서 업무를 파악하려는 담당자는 해당 소장이나 고객사에게 환영받지 못합니다. 다른 목적이 있는 건 아닌가 하는 오해를 받기도 합니다. 일하던 현장 직원이 다치거나, 직원 간의 다툼이 생기거나, 근무 인력이 부족해서 업무에 지장이 생기는 등의 이슈가 있을 때 현장을 깊숙이 들여다보고 실태를 파악합니다.

이슈 발생, 원인 파악, 현장 수습, 대책 마련의 과정을 몇 차례 겪어보면 해당 업무에 대한 자신감이 생깁니다. 갑작스러운 사건, 사고로 휴일을 반납하고 수습에 나설 때도 있지만 그 모든 일이 자신에게 손해가 되는 건 아닙니다. 자신의 현장에서 사건이 발생했다면 현장을 자세하게 살펴볼 기회라고 생각하고 자신에게 귀속되는 경험치를 쌓아야 합니다.

현장을 관리하면서 몇 번의 사고를 수습해 보면 자신의 경력에 걸맞은 역량을 갖추고 업무에 자신감을 가지게 됩니다. 갑작스러운 사고에 당황스럽고 수습하는 데 애를 먹더라도 현장을 관리하면서 얻은 경험은 자기 자신에게 귀속됩니다. 역량 있는 관리자로 거듭나는 기회입니다.

법카로
우산을 샀습니다

『한 번도 경험해 보지 못한 법카』조명현 지음, 천년의상상는 '이재명 부부 법인카드 미스터리를 풀다'를 부제로 달았습니다. 법인카드가 무엇이길래 미스터리까지 등장한 걸까요, 법인카드가 미스터리가 되는 이유는 개인카드가 아니기 때문입니다. 개인카드라면 할 수 없는 일을 법인카드는 합니다.

아웃소싱 현장관리자도 법인카드를 사용합니다. 식대, 주유비, 접대비, 관리미 등을 법인카드로 사용해서 비용으로 처리합니다. 내 손에 있는 법인카드는 원칙과 절차에 맞게 사용해야 하는 부담스러운 존재라는 걸 늘 염두에 두어야 합니다.

언제 어디서나 사용 근거와 명분을 당당하게 얘기할 수 있을 때 법카를 써야 합니다.

몇 년 전 같은 부서의 황 대리가 외근을 나갔다가 법카로 우산을 샀습니다. 3,000원짜리 간이우산이지만 황 대리가 판단해서 선조치했기 때문에 이유를 물어야 했습니다.

"황 대리? 편의점에서 법카로 우산을 산 거야? 왜?"
"아, 네 갑자기 비가 와서요…."

출퇴근할 때는 개인 우산을 쓰고 외근 갈 때는 법인 우산을 쓴다는 말로 들렸습니다. 업무차 외출을 했는데 비가 오니까 일단 법카로 구매한 것입니다. 자기 돈이 아니라고 쉽게 법카를 쓰는 것처럼 보이면 곤란합니다. 법카를 쓰더라도 신중하게 꼭 필요한 곳에만 사용해야 하고 적어도 그런 고민을 한 것처럼 보여야 합니다. 본인이 판단해서 법인카드로 우산을 샀으면 좀 더 구체적이고 당당하게 답변을 해야 합니다.

"출발할 때부터 비가 왔으면 제 우산을 챙겼을 텐데 갑자기 비가 와서 저렴한 우산을 샀습니다. 업무상 출장이라서 법인카드로 샀습니다. 우산은 사무실에 보관해 두고 공용으로 쓰겠습니다."

스스로 판단해서 법카를 썼다면 정당한 이유가 있어야 하며, 적격으로 인정받지 못할 때 자신이 비용을 부담할 각오를 해야 합니다.

사용한 법카에 대해 누군가 이유를 묻는다면 즉시 대답할 준비가 되어 있어야 합니다. 몇천 원밖에 안 되는 적은 돈이라고 또는 관행이라고 대충 얼버무리는 건 곤란합니다. 경영지원팀장이 법카 영수증을 바라보는 관점은 사업팀장하고 다릅니다. 단돈 1,000원이라도 법인의 비용이라면 계정과목에 맞는 근거와 적격증빙이 있어야 합니다.

지갑에서
카드를 꺼낼 때는

법인카드는 부서장의 특권이 아니라 부담이고 책임입니다. 지갑에 법인카드, 체크카드, 개인카드, 교통카드 등 여러 장의 카드가 있다면 계산대에서 카드로 결제할 때 정신을 바짝 차려야 합니다. 아웃소싱 담당자는 수시로 외근을 다니며 현장에서 일을 봅니다. 미팅시간이나 이동거리에 따라서 직출이나 직퇴도 빈번합니다. 외부에서 오후 5시쯤 일을 마치면 사무실로 복귀할지 곧바로 퇴근할지 고민합니다.

몇 년 전, 외근 현장에서 일을 마친 저는 근처의 골프 연습장으로 이동했습니다. 오후 4시 반쯤이었습니다. 사무실에 복귀하면 오후 5시 반~6시가 되므로 현장에서 일을 마감했습니다. 골프 연습장 카운터로 걸어갈 때 거래처에서 전화가 왔고, 통화하면서 카드로 결제했습니다.

카드 영수증을 받고 돌아서는 그때 정신이 번쩍 들었습니다. 전화에 정신이 팔린 나머지 지갑에 있던 법인카드로 결제를 한 것입니다.

급하게 승인을 취소하고 개인카드로 다시 결제했지만, 심장박동이 빨라지고 머리가 복잡해졌습니다. 그때가 오후 7시 반이었다면 태연하게 승인을 취소했을 겁니다.

직원들의 법인카드 사용명세를 매의 눈으로 날마다 스캔하는 경영지원팀 직원들이 떠올랐습니다.

"최 팀장이 업무시간에 골프 연습장에서 뭐한 거야?"
"최 팀장은 골프 연습장에서 일을 하나 봐~"

경영지원팀에서 모르고 넘어갔는지, 별다른 일은 없었습니다. 하지만 심장박동이 빨라지고 머리가 복잡해진 그 순간은 지금도 기억에 남아 있습니다.

기관장들의 법인카드 사용내역이 주요 뉴스로 등장하는 시대입니다. 간판의 상호와 가맹점명이 다른 경우가 많으며 승인일시와 가맹점 위치는 그대로 노출됩니다. 법인카드는 근거와 명분이 뚜렷할 때 사용일시와 가맹점의 위치와 상호를 다시 한번 확인한 후에 꺼내야 합니다. 온라인 결제 시에도 증빙을 즉시 출력해서 필요한 사항을 연필로 메모해야 편합니다. 지갑 안에 있는 여러 장의 카드 중 한 장을 꺼낼 때는 내가 지금 어디서 무엇을 하는지 다시 한번 상기하는 게 좋습니다.

사업부 직원들의 법인카드 사용을 못마땅하게 여기던 경영지원팀 직원이 골프 연습장의 승인내역을 확인했다면 그냥 넘어갈 리 만무합니다. 코로나 여파로 회사의 회식은 1차로 끝나는 일이 많고, 불경기가 지속되면서 비용을 줄이려는 회사가 늘었습니다. 법인카드를 사용할 때는 더욱더 주의해서 불필요한 오해를 받는 일이 없도록 해야 합니다.

회사의 대표이사가
오너가 아니라면

　주식회사의 주인의 주주입니다. 최대주주가 오너입니다. 제조업, 유통업, 서비스업 등의 업태와 상관없이 주식회사는 주주가 지배하는 회사입니다. 회사의 주인이 직접 회사를 경영할 수도 있고 전문경영인(CEO)한테 회사의 경영을 맡길 수도 있습니다. 전문경영인(CEO)은 회사의 주인이 아닙니다. 오너를 대신해서 경영하는 대리인이므로, 오너와 입장이 같을 수 없습니다. 회사의 소유와 경영이 분리되면서 오너와 대리인 간의 관계가 형성됩니다. 경영을 누가 하느냐에 따라서 회사의 조직문화가 달라집니다.

　서울의 강남에 사옥이 있는 D사는 연 매출 700억 규모의 중견기업입니다. D사는 유명 PM사의 간부를 CEO(대리인)로 영입하였으니 소유와 경영이 분리된 회사입니다. 대리인이 경영하려면 일정한 권한이 필요합니다. 회사를 경영하는 대리인이 회사의 주주보다 더 많은 정보를 가지기도 합니다. 대리인과 주주사이에 정보격차가 발생합니다. 회사의 정보를 많이 알고 있는 대리인이 정보의 비대칭을 이용해서, 자신에게 유리한 의사결정을 계속하면 주주와 대리인 간에 갈등이 생깁니다.

 주주와 회사의 가치를 추구하는 일보다 대리인 자신의 이익을 우선하는 현상이 발생합니다. 정보의 격차로 인해 주주가 대리인의 행동을 일일이 관찰하기 힘들 때 생기는 도덕적 해이입니다. 회사의 규모가 커질수록 더 심각하게 일어납니다. 대리인 자신을 포함한 직원들에게 상여금을 지급하고, 거창한 비전을 내세우며 과다한 투자를 하는 일 등을 대리인 비용으로 볼 수 있습니다. 대리인은 자신이 재임하는 기간의 성과에만 집중하게 되고 퇴임 이후의 일에는 무관심합니다. 제가 오래 전에 근무했던 회사는 오너가 아닌 대리인이 경영했습니다. 연말이 되면 본사 직원들한테 상여금을 지급하면서 대리인 본인도 상당한 상여금을 챙겼습니다. 알뜰하게 경영해서 주주들한테 배당금을 지급한 것이 아니고 직원들을 격려한다는 명분으로 자신한테 상여금을 지급한 것입니다.

 입찰을 비롯한 회사 일을 하다 보면 법인등기부등본, 주주명부, 재무제표, 정관 등을 접하게 됩니다. 상법의 일부인 회사법이나 재무회계에 대한 기본상식을 가지면 좋습니다.

 내가 속해 있는 회사의 지배구조나 설립배경에 관심을 갖는 것은 당연한 일이며 팀장급 이상의 관리자가 되려면 회사의 사정을 참고하면서 처신하는 게 좋습니다.

대표이사의
눈도장

 2010년에 결혼한 저는 그동안 깨달은 게 있다면 관계의 본질입니다. 혈연 관계와 법적 관계의 본질적 차이입니다. 사위는 영어로 son-in-law입니다. 관계를 정확하게 드러낸 표현입니다. 혈연관계의 가족에서 지내다가 결혼이라는 제도를 통해 또 하나의 가족과 관계를 형성합니다.

 열 손가락 깨물어 안 아픈 손가락 없는 건 확실하지만, 정도의 차이가 있습니다. 각 손가락의 쓸모에 따른 애정의 차이는 분명합니다. 부모가 자식을 대하는 태도에도 차이가 납니다. 오너가 여러 명의 직원을 고용했다면, 모두를 공평하게 대우할 수 있을까요?

 직장생활을 하고 있다면 오너의 성향과 생활 패턴을 알고 효과적으로 행동해야 합니다. 입바른 소리를 하는 충신은 사약을 받고, 아첨을 일삼는 간신은 부귀영화를 누립니다.

 저는 몇 년 전에 일했던 회사에서 옆 부서의 팀장하고 보기 좋게 비교

가 되어 오너의 눈 밖에 났습니다.

옆 부서 팀장은 기혼이지만 자녀가 없었습니다. 그렇다면 일찍 퇴근하는 사람이 집안일을 하게 됩니다. 자의반 타의반으로 야근을 하면 집안일은 면제되고 오너한테 칭찬을 받습니다. 옆 부서 팀장은 명절 연휴 전날이면 제일 늦게 퇴근하며 오너한테 눈도장을 찍었고 얼마 후에 승진했습니다.

당시 초등학교에 입학한 아들을 키우며 맞벌이를 했던 저는 교대로 일찍 퇴근해서 아들을 챙겨야 했습니다. 조기 출근한 후에 칼퇴근이나 직퇴를 했던 저는 옆 부서 팀장하고 비교되어 오너의 눈 밖에 나고 말았습니다. 오너가 옆 부서 팀장을 긍정적으로 평가하는 만큼 저를 부정적으로 바라본 것입니다. 명절 연휴 전날에는 다른 직원들과 함께 조기 퇴근해서 오너의 눈도장을 찍을 일이 없었던 저는 몇 년 후에 그 회사를 떠났습니다.

지금은 아들이 중학교 3학년이 되어 부모의 손길이 많이 가지 않습니다. 얼마든지 야근을 할 수 있지만, 버스는 지나갔습니다. 그 회사를 떠난 후에 깨달았습니다. 오너의 성향과 동료 팀장의 생활방식에 무관심했던 결과였습니다. 직장인이라면 자신의 주변 환경과 인물에 대해서 일정한 관심을 가져야 합니다.

당당하고
자신 있게

혹시 경비지도사가 공인중개사나 주택관리사보다 사회적 지위나 인지도가 떨어진다고 생각하시는지요? 더 나은 것도 아니고 부족하지도 않습니다. 분야가 다를 뿐입니다. 우리는 더욱 당당하고 자신 있게 일을 해나갈 필요가 있습니다. 우리가 어디서 무슨 일을 하고 있는지 관심을 갖는 사람은 생각보다 많지 않습니다. 오히려 무관심합니다. 그렇다면 더 큰소리를 쳐도 됩니다. 자세히 알면서 일부러 무관심하기보다 잘 모르니까 무관심한 경우가 많습니다. 알고 싶지 않거나 편견이 있어서 무관심합니다. 잘 안다는 것은 이미 관심을 가지고 들여다본 것입니다.

변호사, 의사, 교수, 프로그래머를 전문가라고 부르기도 합니다. 누군가가 여러분 앞에서 전문가라고 잘난 척을 한다면 이렇게 생각하시면 됩니다.
"응, 그래 너는 그것밖에 모르는 멍청이라는 말이구나."

자신이 어느 분야의 전문가라고 한다면, 다른 분야는 잘 모른다는 한

계를 인정하는 겁니다.

정형외과 전문의라면 뼈와 관절에 대해서만 잘 알면 그만일까요? 뼈와 관절을 포함한 인체에 대해 폭넓은 지식이 있어야 합니다. 스페셜리스트를 추구하되 제너럴리스트를 지향해야 합니다. 통섭이 인기를 얻는 이유입니다.

누군가 한 가지 분야에 평생을 바쳐서 일했다면 그런 소신과 정성이 대단하다며 칭찬합니다. 저는 그 사람이 이루어낸 성과보다는 그 분야를 선택하고 끝까지 밀고 나간 의지에 박수를 보내고 싶습니다. 자신의 선택이 과연 옳은 것이냐며 수 없이 흔들리는 시간을 견뎌냈을 테니 말입니다. 정말로 대단한 것은 자신의 선택을 번복하지 않고 끝까지 붙잡고 늘어진 그 의지입니다.

한국에서는 학생들은 성적으로 순위를 매기고, 성인이 되면 연봉으로 또다시 줄을 세웁니다. 경비지도사가 다른 자격증보다 가치가 없다고 생각하면 피곤합니다. 재산이 많은 회장님은 평범한 사람보다 더 많이 후회합니다. 자신의 재산은 남보다 월등한데 시간은 누구에게나 24시간이라서 불만이 생깁니다. 스스로 자신을 다스리지 않으면 불만이 폭주합니다. 많은 재산을 어떻게 지켜내야 할지 남은 인생을 걱정과 고민으로 보내야 할지도 모릅니다. 홀가분한 기분은 평생 느끼지 못할 것입니다.

고장 난 부품은
교체하면 그만입니다

시설경비 및 아웃소싱은 제조업이나 유통업이 아닌 서비스업입니다. 서비스를 제공하는 인력을 관리하는 일이 담당자의 업무입니다. 사람은 말(입, 혀)로 소통하며 관계를 유지합니다. 계약직, 비정규직, 인사평가, 고령자, 최저임금, 3D업종은 아웃소싱 시장의 화두입니다. 밝고 충만한 느낌의 세상이 아닙니다. 현장에서 인력을 관리하려면 더욱 말을 조심해야 합니다.

대면해서 말을 할 때는 표정, 말투, 자세, 음성 등 모든 것이 자신의 의사를 나타냅니다.

굿뉴스와 배드뉴스를 전할 때가 다르고 용건만 간단하게 할 때와 배경 설명이 필요한 때가 있습니다.

부부간의 살인사건도 사람의 혀(말)에서 비롯되는 경우가 많습니다. 현장 근로자 간의 다툼도 상대의 말에서 발단됩니다. 한 번 상한 감정은 객관적으로 풀기 어렵고 상식이 통하지 않습니다. 고장 난 부품을 교체하는 것과 차원이 다릅니다. 한번 내뱉은 말 때문에 어찌지 못하고 끝까지 밀어붙이기도 합니다. 입은 하나뿐이므로 말을 조심해야 합니다. 내뱉은 말을 주워 담을 수 없습니다. 듣는 귀는 두 개입니다. 불필요한 말은 한 귀로 듣고 한 귀로 흘립니다.

즉시 주어지는
보상이 있다면

컴퓨터와 스마트폰으로 즐기는 게임의 인기는 식을 줄 모릅니다.

게임에 쉽게 빠지는 이유는 플레이한 시간만큼 즉시 보상이 주어지기 때문입니다.

1시간 게임을 하면 그만큼의 경험치와 게임머니가 쌓이고 아이템이 생깁니다. 2시간을 플레이하면 2배의 보상을 즉시 챙깁니다.

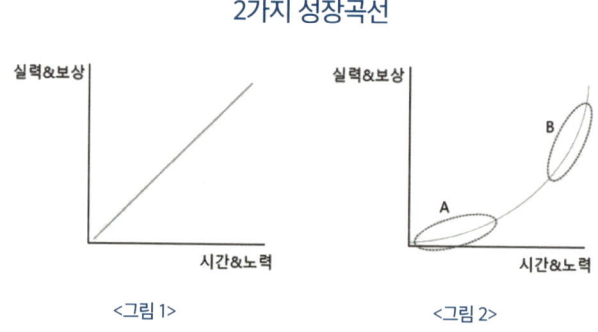

2가지 성장곡선

<그림 1>   <그림 2>

〈그림 1〉은 게임의 성장곡선입니다. 노력하는 만큼 실력이 늘어나고 보상이 주어집니다. 플레이하는 재미가 있어서 게임을 그만두기 어렵습니다. 누구나 게임을 하면 그만한 보상을 즉시 받습니다. 그림 1과 같이 보상이 주어지는 곳은 게임 속 세상입니다.

저는 2005년에 온라인 게임 〈와우〉를 처음 플레이한 그날의 흥분을 아직도 잊지 못합니다. 친구가 운영하던 광명시의 피시방이었습니다. 10년 이상 와우를 하면서 보낸 시간은 자극적인 재미가 있었지만, 마음 한구석은 허전했습니다. 지금은 〈스타크래프트〉와 〈와우〉를 완전히 끊었고, 휴대폰으로 즐기던 〈카카오 장기〉도 삭제한 지 오래입니다.

공부와 자기계발에 대한 보상은 미온적입니다. 책을 부지런히 읽어도 언제 보상을 받을지 알 수 없습니다. 〈그림 2〉의 A구간을 극복해야 B구간에서 잠재력 터지고 폭발합니다. 많은 사람이 A구간에서 실망하고 포기하지만, 게임에서는 일정한 보상이 즉시 주어집니다. 느리고 답답한 A구간을 거쳐야 폭발적으로 성장합니다.

A구간의 슬럼프를 받아들이고 연습하고 또 연습해야 합니다.

"보상의 수레바퀴는 천천히 돈다."

2023년 베스트셀러 『세이노의 가르침』세이노 지음, 데이원에서 강조하는 문장입니다.

  텔레비전 광고의 대부분은 자극적인 영상으로 B구간 같은 절정의 순간을 보여줍니다. 인내와 고민으로 점철된 A구간의 과정은 생략합니다. 재미가 없기 때문이지요. 광고하는 상품을 구매하기만 하면 절정의 순간을 만끽할 것 같습니다.

  산의 정상에 걸어서 올라간 사람은 무난하게 내려옵니다. 걸어서 올라가는 동안 산세를 익히면서 몸이 적응했기 때문입니다. 헬기를 타고 정상에 도착한 사람은 제대로 걸어서 내려올 수 있을지 알 수 없습니다. 한 걸음씩 꾸준하게 걷다 보면 정상에 도착할 수 있고, 작은 습관이라도 매일 반복하다 보면 큰 변화를 가져다줍니다.

outro

74년생인 저는 50세가 되고 나서 50플러스센터와 서울시민대학에 관심을 가졌습니다. 2024년에 인생디자인학교에서 비전하우스 수업을 들었고, 10년 비전의 슬로건을 저의 직업으로 만들었습니다.

"나는 10년 후에 경비지도사의 멘토가 될 것이다."

이 책은 10년 비전의 첫 번째 발걸음입니다. 알뜰하게 보낸 하루를 3650번 쌓으려고 합니다. 책『오늘도 조금씩』김우태 지음, 무한을 읽고 그렇게 마음먹었습니다.

저는 로또복권을 한 번도 산 적이 없습니다. 복권이 1등에 당첨 될까봐 사지 않습니다. 복권 당첨금은 수많은 사람들의 욕망으로 가득 찼습니다. 복권 당첨금이 저에게 행복을 가져다줄 것 같지 않습니다. 의미 있는 하루를 차곡차곡 쌓으면서 보람과 만족을 느끼는 게 저의 행복입니다.

요즘은 퇴근하면 그날의 일과를 짧은 글로 노트에 정리합니다. 하나의 사건은 여러 겹으로 다가옵니다. 손글씨를 쓰면서 한 겹씩 살펴보면 실체가 드러납니다. 그 노트에 꾸준하게 글감으로 모으는 게 10년 비전의 두 번째 스텝이고 1년 동안 모은 글감으로 새로운 책을 엮으면서 세 번째 스텝을 완성하려고 합니다. 이렇게 생각을 버무리고 마음을 반죽하면 정갈한 문장을 국수처럼 뽑아낼 수 있습니다. 매일 조금씩 읽고 쓰면서 깨달은 저의 글쓰기 레시피입니다.

저는 시험 전날의 벼락치기처럼 인생을 치열하게 살지 못합니다. 저의 10년 비전을 안내해 줄 가이드북은 『오늘도 조금씩』김우태 지음, 무한이고 우보천리(牛步千里)는 그 책의 목차이자 저의 가치관입니다. 독자 여러분의 우보천리를 응원합니다.